교육은
바꿀 수
있습니다

교육은 바꿀 수 있습니다

1판 1쇄 발행 2017년 12월 11일
1판 2쇄 발행 2024년 11월 29일

지은이 손윤하
펴낸이 이기준
펴낸곳 리더북스
출판등록 2004년 10월 15일(제2004-000132호)
주소 경기도 고양시 덕양구 무원로 6번길 12(행신동, 대흥프라자빌딩) 815호
전화 031)971-2691
팩스 031)971-2692
이메일 leaderbooks@hanmail.net

ISBN 978-89-91435-86-5 03370
잘못 만들어진 책은 구입하신 서점에서 교환해 드립니다.

교육은
바꿀 수
있습니다

손윤하 지음

인공지능 시대에 필요한
10가지 핵심 역량을 키우는 교육

리더북스

우리는 지금 가만히 멈추어 서서
바라볼 시간이 필요하다.
우리는 혼자 있을 시간이
타인과 관계 맺을 시간이
창조적 일을 할 시간이
즐거움을 주체적으로 즐길 시간이
아무것도 생산하지 않고
그저 근육과 감각을 움직일 시간이 필요하다.
그리고 친구들과 함께
'내'가 살고 싶은 세상을
구상하고 기획할 시간이 필요하다.

-폴 라파르그 《게으를 수 있는 권리》 중에서

진정한 리더의 소양을 갖춘 경영자를 길러내는 일은 사실 낙타가 바늘구멍에 들어가는 것만큼이나 힘든 일입니다. 제자들에게 대학에서 경영학을 가르치면서 항상 아쉽게 생각했던 것은 어릴 때부터 좀 더 체계적인 교육을 통해 잘 준비된 상태에서 그들이 전공 공부를 시작할 수 있었으면 좋았을 것이라는 점이었습니다. 대학과 대학원에서의 지식 전달 수업만으로 진정한 사회적 리더로서의 자질이 충분히 갖춰지기를 기대하기에는 한계가 있다는 사실을 많이 느껴 왔습니다.

4차 산업혁명 시대를 맞이하여 제시된 다보스 포럼에서의 미래 핵심 역량 10가지, 즉 복합문제 해결 능력, 비판적 사고력, 창의력, 협상력, 인지적 유연력, 서비스 지향성, 감성 능력, 협업 능력, 판단 및 의사결정 능력, 인적자원 관리 능력과 같은 복합적 역량을 개발하고 발전시키는 구체적인 방법을 끊임없이 탐구하여 온 저자의 노력과 수고를 저는 충분히 공감하고 지지합니다. 교육 일선에서 활동해 온 저자가 이 책을 통해 제시하고 있는 다양한 접근 방법들이 우리 공교육을 통해 올바르게 자리 잡을 수 있을 때 이 사회는 더 많은 훌륭한 리더들의 탄생과 그들의 창의적 역할을 기대할 수 있게 될 것입니다. 오늘의 공교육을 담당하고 계시는 모든 교육자 분들과 진정한 우리 사회의 리더가 되기를 바라는 젊은이들에게 이 책의 일독을 적극 추천합니다.

_이효익(성균관대학교 경영대학원 교수)

일반교육과 대안교육은 차별화도 이루어져야 하지만 상호보완적일 때 대한민국의 교육 발전이 가능합니다. 아울러 공교육의 틀 속에서 대안교육의 교육철학을 담고 있어야 참교육이 이루어지고 그러한 기틀 하에 앞으로 미래 시대에 필요한 교육을 성장 발전시킬 수 있습니다. 그러기 위해서는 일선의 모든 선생님들도 미래 시대에 필요한 교육을 대비하기 위해 끊임없이 연구하고 공부해야 합니다. 그러한 맥락에서 저도 끊임없이 연구하고 공부해 왔고, 이 책의 저자가 걸어가는 길은 너무나 당연하지만 그럼에도 저는 응원하고 싶습니다. 그리고 모든 독자 분들이 이 책을 통해서 교육의 본질을 이해하실 수 있음을 믿어 의심치 않습니다.

_조광희(학교내대안교실연구회 회장)

창업을 해서 한 번 만에 성공한다는 것은 기적과 같은 일입니다. 실패를 하더라도 발전 가능한 교훈을 얻고, 실패의 불안함과 좌절을 극복하고 용기와 희망으로 계속 도전하는 사람이 결국 창업을 해서 성공하게 됩니다. 안타까운 것은 많은 창업자들이 실패 속에서 발전할 수 있는 역량을 키우지 못하고 좌절하거나 두려움에 빠져서 창업 준비를 중간에 멈춘다는 것입니다. 이러한 모습들을 보면서 창업에 도전하고 발전하는 인재를 양성하지 못하는 교육의 부재에 안타까움을 느꼈습니다. 또한 4차 산업혁명 시대에 필요한 역량들을 키워 줄 수 있는 교육이 절실한데, 그러한 교육을 하고 있지 않아서 답답했습니다. 다행히 우리나라 교육기관에서 이러한 역량들을 신장시키는 교육을 준비하고 시도하고 있다는 것에 안도감을 느끼며, 일선에서 이러한 교육개혁에 앞장서고 있는 저자를 응원합니다. 그리고 성공을 꿈꾸면서 창업을 준비하는 모든 이들에게 멈춤 없는 도전을 조언하며 이 책을 적극 추천합니다.

_황규연(셀렉토커피 대표)

4차 산업혁명 시대에
아이의 교육을 생각하다

우리나라는 세계 10위권의 경제대국입니다. 한국전쟁으로 모든 것이 폐허가 된 상황에서 부모들이 밤낮으로 일하며 자녀들을 공부시킨 덕분에 전 세계가 깜짝 놀랄 만한 기적을 이뤄냈습니다. 부존 자원도 부족하고 딱히 물려받을 것도 없고 다음 세대에 물려 줄 것도 없는 나라가 지금 이만큼이라도 살게 된 것은 오직 교육에 매진한 결과입니다.

우리나라 부모들은 교육열이 높습니다. 교육전문가 못지않게 자녀에게 영향을 미칠 교육정책이나 대입 전략, 학습 방법도 두루 알고 있습니다. 그러다보니 아이가 초등학교에 다닐 때부터 대입 전략을 세워 선행 학습을 시키고 입시설명회에도 참여하고 유명한 학원들을 순례하기도 하고 네트워크를 만들어 최신 정보를 나누기도 합니다. 그렇게 하는 이유는 아이를 명문대에 진학시키기 위해서입니다. 고스펙을 가지고 있어야 좋은 직장에서 또는 전문직으로 일할 수 있는 기회가 생기고 사회적 지위도 얻을 수 있다고 생각하기 때문입니다.

그런데 내 아이가 치열한 입시경쟁에서 선두그룹에 속하고 일류대학교를 나와야 한다는 부모들의 조급증과 강박증이 아이들을 불행하게 만들고 있습니다. 머릿속에 지식만 채워 주면 아이들은 경쟁에 휘둘리면서 자존감이나 자신감은 떨어지고 열등감, 피해의식에 사로잡히기 쉽습니다. 딱히 대안이 없으니 기존에 하던 대로 아이들을 교육할 수밖에 없는 현실을 충분히 이해합니다. 그러나 어른들이 만든 교육의 틀 안에서 가장 피해를 보는 사람은 바로 우리의 아이들입니다.

우리나라 교육은 현재 방향성을 상실하고 미래 인재를 키워내지 못하고 있습니다. '교육의 본질', '인간 교육'이니 하는 말은 아무도 들으려고 하지 않습니다. 이런 상황에서 교육의 본질에 충실하려면 아이에게 인성교육을 하고 미래에 꼭 필요한 역량 교육을 해야 한다고 강조하는 것은 쉽지 않은 일입니다.

부모 세대와 지금 아이들이 공부하는 교실 모습은 거의 변한 것이 없습니다. 교사는 아이들 앞에서 교과서에 있는 내용을 지식 중심으로 전달하고 아이들은 시험에 나올 만한 문제를 집중적으로 공부하는 식입니다. 아이들은 모두 같은 내용을 배우고 암기한 다음 시험을 치르고 일등부터 꼴찌까지 순위가 매겨진 성적표를 받습니다. 사람마다 각자 다른 개성과 특성을 가지고 있는데 똑같이 배운 것을 암기하고 시험을 통해 평가하는 방식은 부모 세대가 받은 교육과 다른 것이 없습니다. 수십 년 동안 우리 교육은 제자리걸음을 하고 있습니다.

이런 즈음에 우리는 4차 산업혁명과 관련된 뉴스를 접하고 있습니다. 미래학자나 기업가, 교육전문가들은 4차 산업혁명이 우리가 상상하는 것보다 훨씬 많은 변화가 있을 것이라고 내다보고 있습니다. 우리가 한 번도 가보지 못한 미래는 이미 우리 곁에 와 있습니다. 대한민국의 교육 패러다임을 바꾸지 않는 한 4차 산업혁명을 주도해 나갈 인재를 양성하기 어렵다는 것은 깨어있는 부모라면 누구나 공감할 것입니다. 따라서 정해진 답을 외우고 평가하는 교육이 아니라 아이들에게 새롭고 불분명한 문제를 해결해 나가는 교육을 해야 합니다. 미래 인재가 될 아이들은 머지않아 교육용 빅데이터를 활용한 맞춤형 교육 서비스를 받게 될 것입니다. 그 과정까지 아이들은 기존 교육 시스템을 견뎌내면서 미래 핵심 역량을 키워 나가야 합니다. 교육은 아이들의 행복을 가름하는 백년대계입니다. 국가의 교육정책과 현재 교육 시스템을 바꾸고 공부 잘 하는 아이가 아니라 미래 사회에 잘 적응하고 아이가 행복하게 살 수 있는 교육을 해야 합니다.

세계경제포럼이 발표한 '직업의 미래' 보고서에는 전 세계 7세 어린이의 65%는 현재 존재하지 않는 직업에 종사할 것이라는 내용이 담겨 있습니다. 《사피엔스》의 저자 유발 하라리가 기자간담회에서 한 말처럼 "현재 학교에서 아이들에게 가르치는 내용의 80% 이상은 아이들이 40대가 되었을 때 전혀 쓸모없을 확률이 큽니다." 앞으로 중요한 것은 공감, 커뮤니케이션, 협력, 공유를 가능하게 하는 교육 시스템입니다. 과목 중심의 교육보다는 문제 발굴과 해결 중심의 교육, 창의성 중심의 교육으로 혁신해야 합니다.

과학자와 글로벌 기업가들은 새로운 기술에 도전하고 끊임없이 발전시키고 있습니다. 그 결과 머지않아 인공지능과 로봇의 기술은 상상을 초월하는 수준에 이를 것입니다. 이런 시대가 되면 인공지능과 로봇은 인간이 하는 일을 보완하거나 대체하고 인간만이 할 수 있는 일은 인간이 하면서 서로 역할을 분담하고 협력하고 가치 있는 사용자 경험을 전달해야 할 것입니다.

우리나라 부모들은 현 교육 시스템에 대한 불신과 실망이 가득합니다. 우리는 이 교육 시스템에서 공부하고 몸으로 겪으면서 어떤 식으로든 문제점을 느낀 경험이 있습니다. 교육이 혁신적으로 바뀌어야 한다는 것에 공감하면서도 아이의 교육에 대해서 큰 그림을 그릴 수 없어서 답답해하는 부모들의 심정을 십분 이해하기에 실제적인 조언을 드리려고 이 책을 집필하게 되었습니다. 대한민국의 부모와 교사, 특히 막연하게라도 교육이 변해야 한다는 것에 동의하는 분들이 불안한 마음을 잠시 내려놓고 미래 교육이 어떻게 변해야 하는지 함께 고민해 보았으면 합니다. 제가 쓴 이 책을 읽고 미래를 먼저 상상할 수 있다면 더 이상 바랄 것이 없습니다.

누구에게나 가보지 않은 길은 불안하고 두렵습니다. 하지만 그것을 기대와 희망으로 바꿀 수 있다면 미래로 가는 길이 고난의 길만은 아닐 것입니다. 저는 4차 산업혁명의 핵심은 사람이고 교육이라고 생각합니다. 이 책이 여러분에게 교육의 본질이 무엇이고 인간으로서 행복하게 산다는 것이 무엇인지 생각해 볼 수 있는 계기를 마련할 수 있는 장이 되기를 간절히 바랍니다. 아울러 교육은 한 나라의 장래를 결정하는 백년대계인 만큼 국가 지도자와 교육정책 담당자들을 비롯하여 우리나라의 모든 부모들이 이 책을 읽고 4차 산업혁명 시대에 꼭 필요한 교육개혁에 힘을 실어주셨으면 합니다.

손윤하

Contents

1장

지금 시작하는
미래 교육

01

국영수보다
더 중요한 것들

우리는 상상을 뛰어넘는 일들이 지구촌에서 벌어지고 있는 것을 실감하고 있습니다. 우리나라 국민이라면 누구나 '알파고'라는 단어를 생생하게 기억하고 있을 것입니다. 2016년 3월에 구글이 개발한 인공지능^AI 알파고는 다양한 바둑의 기보棋譜를 익히고 인공지능끼리 대국을 하면서 쌓은 기력으로 이세돌 9단을 격파했습니다. 우리는 인간이 기계에 패하는 중계방송을 지켜보면서 현실로 다가온 인공지능의 시대를 체감했습니다. 그런데 이것은 예고편에 불과했습니다. 얼마 후에 새 버전 알파고가 기존 버전을 100대 0으로 이겼다는 뉴스를 접하고 그야말로 충격을 받았습니다.

영화에서나 보던 인공지능과 로봇은 앞으로 우리 일상에 많은 변화를 몰고 올 것이 확실합니다. 실제로 인공지능은 음악과 창작의 영역까지 파고들고 있습니다. 인공지능의 잠재력은 어마어마합니다. 사람이 하는 일을 인공지능이 대체할 날도 멀지 않아 보입니다. 수년 내에 수백만 개의 일자리가 사라진다는 말도 들립니다. 이로 인해 인공지능 같은 새로운 기계나 획기적인 기술을 가진 사람과 그렇지 못한 사람의 소득 격차는 더욱 심화될 것입니다.

또한 선진국에 비해 4차 산업혁명의 핵심 기술에 뒤처진 우리 기업들의 부담감도 커졌습니다. 분명한 것은 우리나라 기업이 기술의 발전이나 진보가 늦거나 경쟁력을 갖추지 못하면 글로벌 기업에 종속될 가능성이 매우 크다는 것입니다.

이런 시점에 저는 교육 분야의 혁신을 강조하고 싶습니다. 세계적인 석학들도 각종 매체와 서적을 통해 교육혁신을 이야기하고 있습니다. 왜 그럴까요? 인공지능과 로봇이 어마어마한 일을 할 수 있도록 프로그래밍하고 만든 존재가 바로 인간이기 때문입니다. 인간이 인공지능을 만든 것은 그것들을 활용해 보다 더 인간다운 가치를 추구하고 인류를 위해 많은 것을 하기 위한 것이었습니다.

따라서 교육의 패러다임을 바꿔서 미래의 주역인 아이들이 잘 살아갈 수 있는 교육을 해야 합니다. 그렇다면 어떤 교육이 절실히 필요할까요? 국어, 영어, 수학 같은 교과목 중심의 교육도 중요하지만 그보다는 복합문제 해결 능력, 창의력, 협업 능력, 인지적 유연력, 감성 능력, 서비스 지향성 등의 역량을 실제적으로 성장시킬 수 있는 교육이 더 절실합니다.

교육자인 저는 4차 산업혁명에 대비하기 위한 교육에 관심을 갖고 백방으로 자료를 찾고 공부를 하기 시작했습니다. 선진국의 교육 시스템과 미래 교육에 대한 대안, 세계경제포럼에서 세계 지도자들과 석학들이 강조한 미래 핵심 역량도 눈여겨보았습니다. 그러면서 현재 우리나라 교육이 앞으로 어떻게 바뀌어야 하는지에 대한 깊은 성찰을 했습니다. 그 결과물을 이 책에서 여러분과 나누고자 합니다.

02

암기하는
교육으로는 안 된다

요즘 '4차 산업혁명'이라는 말을 자주 듣습니다. 아직 의견이 분분한 개념이지만 4차 산업혁명은 우리가 인정하든 안 하든 엄청난 속도와 파급력으로 우리의 일상을 마치 쓰나미처럼 덮치고 있습니다.

역사를 보더라도 산업혁명이 인류에 미친 영향은 엄청난 것이었습니다. 인류는 이미 지난 세기에 세 번의 산업혁명을 경험했습니다.

18세기 중반에 영국에서 시작된 1차 산업혁명은 증기기관의 발명이 시발점이 되었습니다. 기계를 활용한 제품이 생산되면서 사람의 노동력이 기계로 대체되는 사건이 일어났습니다. 베틀로 직물을 짜던 노동자들에게 증기기관이라는 신기술은 자신의 삶을 위협하는 것이었습니다. 그래서 증기기관으로 가동되는 공장을 불태우고 폭동을 일으키기도 했습니다.

19세기에는 전기 동력이 개발되었습니다. 이것이 2차 산업혁명의 시작이었습니다. 집집마다 전기가 들어오고 공장에는 컨베이어 시스템이 도입되어 대량 생산이 가능해졌습니다. 그로 인해 대다수의 사람들이 도시로 몰려들어 공장 노동자가 되었습니다. 그러나 기계 부품 같은 단순한 노동이었기 때문에 언제든 대체할 수 있는 인력이었고 결국 실업 문제가 심각한 사회 문제로 떠올랐습니다.

기술의 발전과 진보는 여기서 그치지 않았습니다. 20세기에는 정보통신 기술의 발달로 제조공정이 자동화되었습니다. 컴퓨터 기술이 발달하고 인터넷이 보급되면서 IT 정보기술의 혁신을 이루었습니다. 이것이 3차 산업혁명입니다.

현재 우리는 정보통신과 전자기술 등을 기반으로 사이버 물리시스템과 사물인터넷의 기술을 융합하여 새로운 가치를 창출해내는 4차 산업혁명 시대를 맞이하고 있습니다. 지금은 사물과 사물, 인간과 사물, 사이버 세계와 물리적 세계가 연결 가능한 시대입니다. 앞으로 인공지능, 로봇공학, 빅데이터, 3D 프린팅, 무인자율자동차, 나노바이오 기술 등 첨단 기술의 발전은 우리의 삶을 혁명적으로 바꾸어 놓을 것입니다.

4차 산업혁명은 지난 1차~3차 산업혁명과는 근본적으로 다릅니다. 지금까지는 기계가 인간에 종속된 관계였다면 4차 산업혁명은 인간과 인공지능, 로봇이 수평적 관계가 된다는 점입니다. 그리고 하드웨어가 아닌 소프트웨어에 기반을 둔 기술 혁신이기 때문에 완전히 새로운 차원의 산업혁명입니다. 그러니 당연히 혼란스러울 수밖에 없습니다.

외국의 선진 국가들은 이미 교육혁신을 통해 미래 인재를 양성하고 있습니다. 글로벌 기업들의 놀라운 기술은 교육혁신이 뒷받침되었기 때문에 가능한 것이었습니다. 그들은 한 가지 답을 정해놓고 암기한 것을 평가하는 교육을 하지 않았습니다. 학생들이 수업에서 한 것은 질문과 토론이었고 그런 과정을 거치면서 새로운 가능성을 탐구했습니다.

우리가 교육의 패러다임을 바꾸지 않는다면 과거의 뼈아픈 역사를 되풀이 할 수도 있습니다. 세계열강들이 산업혁명에 편승하여 일대 혁신과 진보를 꾀할 때 19세기 조선의 지도자와 엘리트들은 성리학의 명분론에 함몰되어 부국강병의 책략을 찾아내는데 몰두하지 않았습니다. 그로 인해 구한말에 한반도를 둘러싸고 격동하는 중국, 러시아, 일본 등의 먹잇감이 되는 비참한 신세가 되었습니다. 우리나라보다 거의 100년이나 앞서 서양의 실용적인 학문을 받아들인 일본은 산업혁명에 편승했고 조선을 식민지로 삼았습니다.

지금 인류 역사는 또 한 번의 갈림길에 있습니다. 바로 지식의 산업혁명이라 할 수 있는 4차 산업혁명이 그것입니다. 제가 극단적인 생각을 하는 것인지도 모르지만 여기서 우리가 도태된다면 또다시 우리나라가 비운의 상황을 맞이하게 될 수도 있습니다.

안타깝게도 이런 4차 산업혁명 시대에 우리나라의 교육 시스템이나 학부모의 교육관, 학생들의 학습 방법은 산업화 시대와 달라진 것이 거의 없습니다. 산업화 시대에 관리의 효율성에 중점을 두고 지은 학교는 아이들을 따뜻하게 품어 주지 못하는 공간입니다. 이런 공간에서 아이들은 하루 종일 지내면서 인간 중심의 교육은 고사하고 학교 폭력, 왕따 문제로 고민하고 있습니다. 교사와 아이가 서로 즐겁게 소통하고, 인간적인 교감을 나누고, 서로를 존중하는 교육은 이루어지지 않고 있습니다. 게다가 대량 생산 체제에서나 필요했던 지식 전달 중심의 주입식 교육을 받고 있습니다. 초연결성으로 실시간 빅데이터가 축적되는 세상에서 말입니다. 이제는 지식 자체를 습득하는 것보다 데이터에 숨겨진 것을 분석하고 재가공할 수 있는 능력이 더 중요합니다. 그래서 논리적으로 접근하고 비판적인 사고를 하면서 합리적인 판단 능력 등을 길러야 합니다. 이 능력은 지금처럼 교과서를 달달 외우고 객관식 시험에서 정답을 찾아낸다고 키워지지 않습니다.

03

시험제도를 바꿔야
교육이 바뀐다

학교에서 아이들을 평가하는 척도는 시험 성적입니다. 미리 정해진 답을 잘 찾아내면 우등생이 됩니다. 그런데 모든 아이들의 능력을 단순히 시험 성적으로만 평가할 수 있을까요?

시험을 통하여 성적을 매기는 교육은 조기교육, 선행 학습을 부추기게 하고 너 나 할 것 없이 자기 자식을 공부 잘하는 아이로 만들기 위해 혈안이 되게 했습니다. 모든 아이에게는 제각각 자신만이 가진 능력이 있는데도 말입니다.

우리나라 아이들은 다섯 살 정도부터 고등학교를 졸업할 때까지 수능에 목을 맵니다. 아이들의 일과는 학교, 학원 수업으로 꽉 채워져 있습니다. 수능 제도는 미리 정해진 답을 몇 개 항목 중에서 골라내고 그 결과를 채점해 수십만 명 학생을 1등부터 꼴찌까지 한 줄로 세우는 시스템입니다. 이런 시험에 창의력이 필요하지도 않은데, 부모들은 이런 시험에서 높은 점수를 받게 하려고 1인당 대략 2억에서 3억 원의 교육비를 지불합니다. 이렇게 많은 돈을 들여서 학생들이 얻는 것은 과연 무엇일까요?

정답이 정해진 것만 배우고 정답을 골라내는 능력만 키우다 보면 아이들은 창의적인 인간이 될 수 없습니다. 미래의 주역인 아이들은 앞으로 인공지능, 로봇 등과 공존하는 것을 자연스럽게 받아들이고 함께 협력하면서 살아가야 합니다. 시험 성적을 올리는 일보다 더 중요한 것은 자신의 재능을 발견하고 창의성을 실현하면서 인간답게 살아가는 것입니다. 그 과정에서 겪는 시행착오, 실패에서 느끼는 좌절을 극복하면서 다른 사람들과 일을 공유하고 협력하는 능력 등을 키워 나가야 합니다.

이제는 융합이 중요한 시대입니다. 혼자서 공부하여 좋은 성적을 받는 아이는 일을 공유하고 협력하는 일을 잘하지 못합니다. 아무리 전문성을 갖춘 사람이라도 사람들과 협력하지 못하면 새로운 가치를 창출해내지 못합니다.

물론 시험제도를 바꾸는 것도 쉽지 않은 일이지만 그런다고 해서 우리나라 교육의 틀이 하루아침에 혁명적으로 바뀌지는 않을 것입니다. 그래도 교사나 학부모는 아이의 교육과 미래에 대해서 생각하고 시험제도를 바꿀 수 있는 바람직한 대안을 찾아 나서야 합니다. 지금도 그런 분들이 우리 주변에 많습니다. 우리나라 대안교육기관에 재학 중이거나 졸업한 아이의 학부모들 중에는 공교육 교사가 상당한 비중을 차지하고 있습니다. 이것은 일선 교육현장에서 아이들을 가르치는 교사가 우리나라 교육 시스템의 문제점이 무엇인지 누구보다 잘 알기 때문에 나타난 결과라고 할 수 있습니다.

04

미래형 교육관을
가져야 한다

    현실의 삶과 가상 세계가 결합되는 4차 산업혁명이 시작되자 전 세계의 산업구조가 재편되고 있습니다. 그 물결은 우리의 일상까지 밀려왔습니다. 그러나 우리는 기존에 갖고 있는 교육관에 대해 문제의식을 갖지 않습니다. '공부만 잘하면 4차, 5차 산업혁명이 와도 끄떡없다'는 생각으로 아이들을 교육하고 있습니다.

    저는 교육 일선에서 4차 산업혁명에 대비해서 어떤 교육을 시켜야 하는지 막연히 궁금해하는 부모들을 만났습니다. 또한 4차 산업혁명에 대하여 관심을 갖고 공부를 하여 나름 기본지식이 있는 부모들과도 상담을 했습니다. 그러나 그분들의 관심사와 고민은 다르지 않았습니다. 그것은 자녀가 좋은 성적을 받으려면 어떤 교육을 해야 하는지에 대한 고민이었고, 공교육 시스템에만 의존하면 낭패를 볼 수 있으니 어떤 사교육을 시켜야 하는지에 대한 관심이었습니다.

학부모들의 가장 큰 고민은 섣불리 기존 교육체제에서 벗어나서 소신껏 아이 교육을 밀고나갔다가 오히려 도태되지나 않을까 하는 것이었습니다. 그런 부모들은 대부분 아이 교육에 대하여 불안해하는 모습을 보였습니다.

"4차 산업혁명이니 인공지능이니 하는데 솔직히 잘 모르겠어요. 세상이 어떻게 바뀌든 공부만 잘하면 되는 거 아닌가요? 아이가 공부를 잘 하고 있으니 별걱정 안 해도 되겠지요?"

"4차 산업혁명이니 뭐니 해도 지금은 당장 아이가 명문대에 들어가는 게 제일 중요해요. 아이가 무슨 공부를 집중적으로 하는 게 나은지 좀 알려주세요."

"우리나라 교육이 혁신적으로 바뀌어야 한다고요? 바뀌기는 하겠죠. 이랬다저랬다 해서 문제이지만. 저는 자주 바뀌는 국가의 교육정책을 신뢰하지 않아요. 내 아이 공부는 내 식으로 시킬 거예요."

"아, 좋은 부모 되기 진짜 힘드네요. 세상이 바뀌면 아이가 대학에서 뭘 전공해야 좋을까요? 이왕이면 취업이 잘 되는 학과를 선택해야 할 텐데……"

내 아이의 미래를 걱정하는 것은 부모로서 너무나 당연한 일입니다. 하지만 그런 관심과 고민과는 달리 현재 부모들의 선택에는 문제가 있어 보입니다. 왜냐하면 초超 불확실성 시대에 현재 교육방식을 고수하면서 대안 없이 기존의 지식 습득 교육을 아이들에게 시키겠다고 이미 결정을 하고 순응을 하고 있기 때문입니다.

저는 부모들에게 4차 산업혁명 시대에 어떤 교육을 해야 아이들이 진정 행복하게 미래를 살아갈 수 있을까를 고민하면서 말씀을 드렸습니다. 그런데 부모들은 아이가 어떻게 하면 공부를 잘해서 명문대에 들어갈 수 있는지에 대해서만 관심을 보였습니다.

부모가 미래형 교육에 관심을 가질 때 아이의 교육방향을 바로잡을 수 있습니다. 4차 산업혁명이 무엇인지 알고 그런 다음 이 시대가 원하는 미래 인재의 조건이 무엇인지 알면 부모가 아이와 함께 훈련할 수 있는 미래 교육이 가능합니다. 그래서 부모는 미래형 교육관을 가져야만 합니다. 현실을 답습하는 교육관으로는 미래 인재를 키울 수 없습니다.

05

전형적인 성공 공식이
바뀌고 있다

앨빈 토플러Alvin Toffler는 꽤 오래전에 이런 말을 했습니다. "한국 학생들은 하루 15시간 동안 학교와 학원에서 미래에 필요하지도 않을 지식과 존재하지도 않을 직업을 위해 시간을 낭비하고 있다."

그런데 우리나라 교육 시스템은 하나도 바뀌지 않았습니다. 세상은 급변하는데 좋은 성적을 받기 위해 교과서 내용을 달달 외우고 있습니다. 대학에 진학할 때도 자신의 적성과 흥미를 고려하지 않고 성적에 맞춰 대학과 전공을 선택하는 비율이 높습니다. 그래서 어렵게 회사에 취직하고도 1년이 안 되어서 퇴사를 하는 사람들이 꽤 많습니다.

부모들의 직업관도 바뀌지 않았습니다. 직업에는 귀천이 있다는 의식이 강해서 여전히 '~사'자 들어가는 직업을 선호합니다. 그것은 판사, 검사, 변호사, 의사, 회계사, 세무사 등입니다. 이런 직업을 가지려면 필답시험에 통과해야 하므로 10년 정도는 열심히 공부를 해야 합니다. 다행히 합격을 하면 돈을 많이 벌기도 하고 명예나 사회적 지위도 높아져서 만족감을 가질 수도 있습니다. 하지만 전문직이 누리는 혜택이 예전만 못합니다. 경쟁이 치열해졌기 때문입니다. 게다가 인공지능의 기술이 더 발전하면 개발에 추가비용이 크게 들지 않으면서 현재 높은 급여가 지불되고 있는 업종을 먼저 대체할 것입니다.

변호사의 경우에는 인공지능이 더욱 적은 비용으로 법률회사의 판례 분석을 대신하게 될 것입니다. 경쟁에서 낙오된 변호사의 일자리는 인공지능이 대체할 수도 있다는 얘기입니다.

의사도 개인병원을 열어서 실패하는 사례가 늘고 있습니다. 게다가 혁신 기업들은 의사보다 진단을 잘할 수 있는 인공지능 개발 경쟁에 뛰어들고 있습니다. 인공지능의 기술이 발전하면 수술, 헬스 케어, 재활 분야에서 지금과는 전혀 다른 양상을 보이게 될 것입니다.

금융 분야에서도 고도의 분석력을 필요로 하는 일을 인공지능이 대체하고 있습니다. 이미 외국에서는 인공지능 기술의 발달로 주식시장에서는 증권사 트레이더, 애널리스트, 펀드매니저 등이 일자리를 잃고 있습니다.

세무사와 회계사도 마찬가지입니다. 서류 작성이나 장부 점검, 계산 등 일정한 형식이나 틀로 이루어진 전형적인 업무를 인공지능이 대체할 가능성이 높습니다.

이렇듯 4차 산업혁명이 진행되면서 기존에 우리나라 사람들의 머릿속에 있는 성공 공식이 크게 달라질 것이 분명합니다. 현재 좋은 직업이 미래에도 반드시 좋다는 보장은 없습니다. 미래 사회를 살면서 명심해야 할 것은 지금의 상황이 영원하지 않고 언제든 변할 수 있다는 것입니다. 공부를 잘해서 명문대에 진학하는 일은 미래에도 여전히 일부 분야에서는 이점으로 작용하겠지만 다른 길도 많이 열릴 것입니다.

부모들은 4차 산업혁명의 변화에 관심을 기울여야 합니다. 새로운 미래에 대해서 부모가 안목을 가지고 있느냐 그렇지 못하느냐에 따라서 아이들의 진로나 미래가 결정되는 경우가 많기 때문입니다. 전문가처럼 세세한 부분까지 정확하게 내다볼 수는 없겠지만 적어도 미래의 변화에 대해서 전체적인 윤곽 정도는 파악해야 합니다. 그리고 '이런 변화가 내 아이의 미래에 어떻게 작용할까?'라는 질문을 수시로 해야 합니다.

명문대 졸업장보다
중요한 역량들

서울대는 국내 최고의 대학입니다. 부모들은 자녀가 서울대에 들어가기를 간절히 바라며 많은 돈을 들여 공부를 시킵니다. 그런데 막상 서울대에 들어가서 A⁺를 받는 최우등생들은 교수가 말하는 것을 토씨 하나까지 그대로 받아 적고, 무비판적으로 지식을 받아들이는 공부를 한다고 하여 충격을 주었습니다. 《서울대에서는 누가 A⁺를 받는가》라는 책에 나오는 내용입니다. 서울대 학생들이 그렇게 공부하는 이유는 당연히 높은 학점을 받기 위해서입니다. 높은 학점을 받아야 자기가 원하는 기업에서 일할 수 있다고 믿기 때문입니다.

그런데 아쉽게도 서울대는 세계 최고의 대학이 아닙니다. 서울대는 2017년 US뉴스 세계대학순위에서 119위를 했습니다. 이 순위는 톰슨 로이터의 학술데이터를 활용해 12가지 항목을 산정, 차등 배점해 점수의 총 합계로 정해집니다. 참고로 2017년 세계 최고의 대학은 미국의 하버드대가 차지했습니다. 하버드에서는 공부만 잘 하는 학생을 입학시키지 않습니다. 면접을 통해 세 가지 기준을 봅니다. 그것은 리더십 능력, 분석력과 분석 욕구, 그리고 공동체에 대한 공헌도입니다. 하버드대는 IQ^{지능지수}, EQ^{감성지수}, SQ^{성공지능}, PQ^{실천지능}가 잘 조화를 이루고 있는 학생을 선발하는 것을 목표로 합니다. 이것은 세계 유수의 기업들이 원하는 인재이기도 합니다.

그런데도 우리나라는 아직도 정해진 답을 잘 맞히는 사람을 길러내는 교육을 하고 있습니다. 그래서 "19세기 교실에서 20세기 교사들이 21세기 아이들을 가르치고 있다"는 말도 심심치 않게 듣습니다. 앞으로는 지식을 전달하는 교육이 아니라 지식을 활용해 새로운 가치를 만들어내는 교육으로 바뀌어야 합니다. 미래 교육은 생각의 힘을 키우는 방향으로 나아가야 합니다.

부모들은 자녀에게 공부만 잘하면 된다고 강요해서는 안 됩니다. 지식 습득 교육만으로는 아이의 교육성취도를 높일 수 없습니다. 아이들이 좋은 성적을 받아야 한다는 강박증에서 벗어나서 IQ, EQ, SQ, PQ가 잘 조화를 이룬 아이가 될 수 있도록 교육적인 배려를 해야 합니다. 교육은 부모가 아이를 믿고 기다려 줄 때 변화하는 것입니다.

미래 인재는 명문대 졸업장이 있어야 되는 것이 아닙니다. 구글이나 애플에서 서울대 졸업장을 가진 사람을 뽑는다는 말을 들어본 적이 없습니다. 아이들에게 필요한 것은 명문대 졸업장이 아니라 글로벌 기업들이 원하는 인재의 핵심 역량입니다. 그 핵심 역량은 꼭 대학에

가야만 길러지는 것도 아닙니다. 대학은 아이들의 선택사항이지 그 자체가 목표가 되어서는 안 됩니다.

2장

4차 산업혁명은
우리 삶을
어떻게 바꿀까?

07

세상의 지각변동
감지센서 작동하기

저는 노을이 붉게 물드는 저녁 시간에 영종도 집 근처에 있는 씨사이드 파크에 갑니다. 다리가 적당히 풀릴 쯤 도착한 그곳 벤치에 앉아 석양에 비친 인천대교를 바라봅니다. 풍광이 아름답거나 제주도의 연푸른 바다가 주는 감동은 없지만 제가 좋아하는 붉은 노을을 볼 수 있어서 행복합니다.

세상에 변하지 않는 것은 없겠지만, 영종도에 살면서 세상이 빠르게 변화하는 것을 느꼈습니다. 제가 살고 있는 곳에는 불과 2년 전까지만 하더라도 편의시설이라고는 마트 하나가 전부였습니다. 밤이 되면 인적을 찾아보기 힘든 황무지나 다름없었습니다. 그런데 사람들의 우려 속에 발표된 여러 정책이 곳곳에서 현실이 되었고 머지않아 새로운 미래 도시가 만들어질 것이라는 기대감마저 갖게 되었습니다.

제가 머물고 있는 영종도의 미래처럼 4차 산업혁명도 이미 진행되고 있고, 지금은 분명하게 보이지 않지만 아주 많은 것들이 빠르게 바뀔 것입니다. 그것은 이전의 관습이나 제도, 시스템, 문화를 단번에 깨뜨리고 질적으로 새로운 것을 급격하게 만드는 것이기에 혁명이란 단어를 사용하는 것입니다.

부모는 자녀들이 미래 사회에 주역이 되기를 바란다면 어느 학원에 보내야 아이의 성적이 올라갈까를 고민하거나, 자녀의 입시 정보를 공유하기 위한 모임에 나가거나, 아이의 스펙 쌓기에 집중하기보다는 아이가 살아가야 할 가까운 미래를 상상해보는 것이 선행되어야 합니다.

전 세계의 미래학자와 교육학자들은 현재 아이들을 가르치는 교육의 패러다임을 변화시켜야 한다고 말하고 있습니다. 왜 그럴까요?

답은 간단합니다. 지금 우리가 살고 있는 세상은 인공지능이라는 최첨단 기술의 개발로 인해서 급속도로 변화하고 있기 때문입니다. 그리고 그 변화의 속도는 더욱 빨라질 것입니다. 이것은 인공지능과 로봇이 우리 삶에 생각보다 빠르게 들어오고, 현재 인간이 하는 일을 그들이 대체하게 될 것이라는 것을 의미합니다.

얼마 전 읽은 《세계미래보고서 2030-2050》이란 책에는 급변하는 세상이 무엇인지 한눈에 알아볼 수 있는 내용이 있었습니다. 이 책에서는 두 장의 부활절 사진을 나란히 보여주었는데, 하나는 1900년, 다른 사진은 1913년의 모습이었습니다. 두 사진은 모두 뉴욕 5번가에서 촬영한 것입니다. 두 사진을 비교해 보면 13년 사이에 마차는 거리에서 종적을 감추었고, 자동차들이 거리를 빽빽하게 메우고 있었습니다. 13년이라는 시차를 두고 같은 장소에서 찍은 두 사진은 세상이 무서운 속도로 변하고 있다는 사실을 보여주었습니다.

미국 뉴욕 5번가에서 마차를 몰던 누군가는 자동차가 나오면서 하루아침에 일자리와 더불어 꿈과 희망을 잃었습니다. 반면에 누군가는 남보다 한발 앞서 자동차 시대가 온다는 것을 내다보고 그것을 준비하여 거대한 부와 명예를 얻었습니다.

지금 대부분의 사람들이 자동차를 소유하고 있는 이 시대는 분명 마차를 모두가 소유할 수 없었던 시대와 비교해 볼 때 많이 발전했고 평등해진 것이 사실입니다. 그럼에도 불구하고 우리가 불평등하다고 느끼는 것은 극소수를 제외한 대부분의 사람들이 여전히 기계를 대체하는 일을 하기 때문입니다. 그것이 여전히 사라지지 않는 신분제이기에 불평등하다고 느끼는 것입니다. 부의 불균형으로 불평등하다고 느끼는 것이 아니라 특정인을 제외한 나머지 사람이 인간다운 삶을 살지 못하기에 불평등하다고 느끼는 것입니다. 그러나 인공지능 로봇이 완벽히 인간의 모습을 갖추고 인간만이 할 수 있는 일을 제외한 모든 일을 대체할 때 우리 인류는 지금껏 경험하지 못한 평등한 삶을 살게 될 것입니다. 그것은 부의 평등을 말하는 것이 아닙니다. 모든 인류가 인간다운 삶을 영위하는 평등을 말합니다. 이러한 개념을 이해하지 못하면 미래 사회를 대비할 수도 없고 적응할 수도 없습니다.

경제활동을 하는 사람으로서 누가 먼저 일자리를 잃을지 우리는 불안감을 감출 수 없는 세상에 살고 있습니다. 현재 경제활동을 하는 기성세대는 인공지능을 탑재하고 있는 로봇과 경쟁할 준비가 전혀 되어 있지 않습니다. 만약 60% 이상의 직업을 인공지능 로봇이 대체한다면 인간은 과연 어떤 역할을 하게 될까요?

이 혁명적인 변화에 아무런 준비가 되어 있지 않다는 것을 실감하면서도 아이들에게 기성세대들이 받았던 교육을 그대로 답습하라고 하는 것은 끔찍한 일입니다. 가까운 미래에 벌어질 세상의 변화에 잘 대처하기 위해서라도 세상의 지각변동에 대한 감지센서를 작동해야 합니다. 부모는 자신과 자녀를 위해서 앞으로 가까운 미래에 일어날 일을 적극적으로 상상해야 합니다. 부모가 상상력을 발휘해야 아이가 행복해집니다.

08

인공지능과
로봇의 출현

일본의 유명한 관광지에 있는 한 호텔에는 70여 대의 로봇이 일하고 있다고 합니다. 그 로봇들은 프런트에서 손님을 맞이하고, 안내를 하고, 짐 운반을 하고, 객실 서비스를 하고, 투숙객의 짐을 보관하는 등의 일을 합니다. 벌써 인공지능의 기술이 이만큼 발전했습니다.

인공지능이 이처럼 발전한 것은 빅데이터^{Big Data}와 딥러닝^{Deep Learning} 덕분입니다. 빅데이터는 방대한 규모의 데이터인데 디지털 세상이 되면서 엄청난 양의 데이터가 다양하게 쌓이고 있습니다. 빅데이터 기술이 발전하면서 많은 데이터를 모델링에 활용하고 점점 정확도가 높아지고 있습니다. 여기서 인공신경망에 빅데이터를 결합한 것을 딥러닝이라고 합니다. 딥러닝은 컴퓨터가 수많은 데이터를 읽고 스스로 패턴을 찾아내서 빅데이터를 엄청 빠른 속도로 분류하고 분석해내는 것입니다.

고도의 인공지능을 탑재한 로봇은 이제 인간의 일자리를 위협하고 있습니다. 그러나 다행스러운 것은 인공지능에는 사람만이 가진 마음이 없습니다. 단지 프로그램에 입력된 일을 하면서 인간의 흉내를 낼 뿐입니다. 기술이 발전하면 인공지능이 사람들이 하던 일을 대체하겠지만 그로 인해 인공지능을 관리하는 일자리도 새롭게 생겨날 것입니다.

4차 산업혁명 시대에는 멀리 내다보는 혜안을 가져야 합니다. 인공지능 시대에 가장 중요한 분기점은 인공지능 로봇이 사람처럼 자유자재로 소통을 하며 기능을 하는 시점일 것입니다. 현재 인공지능 로봇은 부분적인 일만 가능합니다. 바퀴가 달린 인공지능은 운전을 하고, 소통이 가능한 인공지능은 인간과 대화를 하고, 손이 달린 인공지능은 숙련공의 일을 대체하고 있습니다. 그러나 머지않아 사람이 하는 일을 인공지능이 많은 부분 대체하게 될 것입니다.

커피숍을 예로 들어보겠습니다. 미국에서는 커피숍에 가면 인공지능 바리스타를 볼 수 있다고 합니다. 미국의 한 기업이 카페X라는 로봇을 선보였습니다. 팔을 가진 이 로봇은 컵을 잡고 물과 원두, 시럽을 다룰 수 있고 다양한 커피를 제조할 수 있습니다. 1분에 120잔의 커피를 만들 수 있게 프로그래밍이 되어 있다고 합니다.

국내에서도 이런 인공지능 로봇이 일하는 커피숍이 생겼다고 상상해 보세요. 인공지능 로봇 바리스타는 고객들의 얼굴과 취향을 데이터화해서 모두 기억하고 취향대로 커피를 만들어 줄 것입니다. 고객들에게 아주 예의바르고 부드러운 말투로 응대를 할 것입니다. 또한 아무리 오래 일해도 피곤하지 않으므로 24시간 커피를 만들 수 있습니다. 그런데 이 인공지능 로봇은 걸어 다닐 수가 없습니다. 그래서 사람이 인공지능 로봇 바리스타가 못하는 일을 도와야 합니다. 또한 인공지능은 인간의 거짓말을 구분하지 못하기 때문에 사람이 충실히 보조해 주지 않으면 엉터리 데이터를 기반으로 일을 하게 되므로 커피숍이 제대로 운영되지 않을 것입니다. 이처럼 앞으로 인간과 인공지능 로봇은 협력하여 일을 하게 될 것입니다. 인공지능 로봇 바리스타는 자가학습이 가능하므로 좀 더 정교한 맛을 선보일 것이고 인간은 감성적인 매력으로 커피숍의 분위기를 좋게 하고 정성 가득한 마음을 담아서 손님과 소통하게 될 것입니다.

아직까지 인공지능은 인간을 돕는 역할을 하고 있지만 장차 어떤 수준까지 기술이 진보할지는 예단하기 어렵습니다. 하지만 인간의 도움 없이는 인공지능 로봇의 자체 능력만으로는 인간적인 문화를 담아낼 수 없습니다.

이렇듯 지금 이 시기는 그야말로 기대감과 혼돈이 공존하고 있습니다. 부모는 아이에게 미래에 필요한 역량을 어떻게 키워줘야 하는지 멀리 보고 고민의 끈을 놓지 말아야 합니다.

아이의 미래를 위해서 오늘 부모가 해야 할 일

미래 사회를 그린 영화나 책을 보고 아이와 대화하기

아이의 미래에 관심이 있다면 기술의 발전을 이해하고 있어야 합니다. 우리는 지식과 정보의 시대에 살고 있습니다. 많은 정보를 빨리 찾고 전달하는 것이 경쟁력은 아닙니다. 자기의 관점을 가지고 잘 정리해내는 것이 필요합니다.
인공지능이 나온 영화나 미래 사회상을 그린 책을 읽고 아이와 자연스럽게 대화를 나누어 보세요.

1. 인공지능이 나온 영화를 보고 미래를 상상하기
〈그녀〉, 〈공각기동대〉, 〈아이로봇〉, 〈바이센테니얼 맨〉, 〈에이아이〉, 〈채피〉 등의 영화를 보면 도움이 됩니다.

2. 글로벌 기업들이 준비하고 있는 인공지능 산업이 무엇인지 알아보기
• 현재 구글이 선택한 인공지능 산업은 무엇일까요?
• 아마존이 왜 인공지능을 도입했을까요? 그리고 어떤 일들을 하고 있나요?
• 삼성은 인공지능 반도체를 왜 만들려고 할까요?

3. 현재 일하고 있는 직장에 인공지능이 투입되었을 때 어떤 상황이 발생할지 상상해보기
• 은행에서 업무 효율화를 위해 인공지능을 사용하기로 결정했습니다. 어떤 일부터 대체가 될까요? 그리고 어떤 변화들이 일어날까요?
• 어느 날 거대 로펌 CEO가 인공지능 변호사를 고용한다고 발표했습니다. 한 달 후에 이 회사는 어떻게 변해 있을까요?
• 대형 병원에서 인공지능으로 인력을 순차적으로 대체하기로 했을 때 가장 먼저 대체될 직종과 가장 마지막까지 남을 직종은 무엇일까요?

09

자율주행자동차가
가져올 삶의 변화

영종도에서는 아침마다 거의 안개를 볼 수 있습니다. 저는 이 몽환적인 안개를 볼 때마다 고등학교 시절에 읽었던 김승옥의 단편소설 〈무진기행〉을 떠올립니다.

무진에 명산물이 없는 게 아니다. 나는 그것이 무엇인지 알고 있다. 그것은 안개다. 아침에 잠자리에서 일어나서 밖으로 나오면, 밤사이에 진주해 온 적군들처럼 안개가 무진을 뼁 둘러싸고 있는 것이었다. 무진을 둘러싸고 있던 산들도 안개에 의하여 보이지 않는 먼 곳으로 유배당해 버리고 없었다. 안개는 마치 이승에 한恨이 있어서 매일 밤 찾아오는 여귀女鬼가 뿜어내놓은 입김과 같았다. 해가 떠오르고, 바람이 바다 쪽에서 방향을 바꾸어 불어오기 전에는 사람들의 힘으로써는 그것을 헤

처 버릴 수가 없었다.

　손으로 잡을 수 없으면서도 그것은 뚜렷이 존재했고 사람들을 둘러
쌌고 먼 곳에 있는 것으로부터 사람들을 떼어놓았다. 안개, 무진의 안
개, 무진의 아침에 사람들이 만나는 안개, 사람들로 하여금 해를, 바람
을 간절히 부르게 하는 무진의 안개, 그것이 무진의 명산물이 아닐 수
있을까!

이 구절에 매료되어 언젠가 무진에 꼭 한번 가겠다고 결심했었던
추억이 있습니다. 안개는 해가 떠오르고, 바람이 바다 쪽에서 방향을
바꾸어 불어오기 전에는 사람들의 힘으로 그것을 헤쳐 버릴 수가 없
습니다. 비약이 심할 수도 있지만 저는 4차 산업혁명이 마치 안개 속
처럼 느껴졌습니다. 그래서 그 안개 속으로 들어가 보려고 합니다.

　우리는 디지털카메라의 출현으로 필름카메라와 필름이 사라지는
것을 보았습니다. MP3 플레이어의 등장으로 카세트테이프, CD플레
이어 시장이 붕괴되는 것도 보았습니다. 스마트폰이 출시되면서 세상
은 우리의 상상을 뛰어넘는 속도로 급변했습니다. 4차 산업혁명은 우
리가 아직 잘 모를 뿐이지 전 세계인의 삶을 송두리째 바꿔 놓을 것이
분명합니다.

　하나의 예를 들어보겠습니다. 운전을 하다보면 교통체증 때문에 짜
증이 날 때 '차가 알아서 운전해주면 얼마나 좋을까?'라는 생각이 들게
마련입니다. 이런 꿈같은 일이 현실로 일어나고 있습니다.

여러분도 잘 알고 있듯이 구글은 글로벌 기업입니다. 저는 오래전에 구글이 검색 사이트를 운영하면서 광고 수익을 내는 회사 정도로만 알고 있었습니다. 그러나 구글은 저의 상상을 초월하는 회사였습니다. 마음만 먹으면 생각한 것을 모두 실현할 수 있는 기업이라고 해도 되지 않을까 싶을 정도입니다.

구글은 전 세계를 인공위성으로 촬영한 지도를 보유하고 있습니다. 또한 전 세계의 도로 상황에 대한 데이터도 가지고 있습니다. 저는 2010년에 구글이 운전자 개입 없이 인공지능의 기술로 자동 운행되는 무인자동차 실험에 성공했다는 뉴스를 접하고 깜짝 놀랐습니다. 그리고 2020년에 무인자동차를 상용화할 계획이라는 소식을 듣고 또 한 번 놀랐습니다. 아이러니하게도 무인자동차를 주도하는 회사는 자동차회사가 아니라 소프트웨어 업체인 구글입니다. 무인자동차의 핵심 역량이 하드웨어가 아닌 소프트웨어에 있기 때문입니다.

무인자동차의 상용화는 현재의 교통 및 물류 시스템, 우리의 삶에 큰 변화를 가지고 올 수도 있다는 점에서 가히 혁명적이라고 할 만합니다. 무인자동차는 말 그대로 인공지능을 장착한 자동차가 스스로 운전을 하는 것입니다. 무인자동차를 보다 정확하게 표현하면 '자율주행자동차'라고 할 수 있습니다. 이것은 실제 주행을 사람이 아닌 컴퓨터가 한다는 의미입니다. 센서가 장애물이나 차선 식별을 하고 목적지만 말하면 알아서 척척 자동제어를 하면서 달린다니 놀라지 않을 수 있겠습니까. 무인자동차는 차의 개념이 아니라 스스로 알아서 달리는 자동차 모양의 인공지능 로봇이라고 이해해야 합니다. 즉 무인자동차의 상용화는 인공지능 로봇이 바퀴를 달고 거리를 달리는 것을 의미합니다. 이런 무인자동차가 상용화되면 세상이 어떻게 바뀔까요? 단순히 자동차 시장의 변화만 일어날까요?

구글의 무인자동차가 상용화되면 한동안은 기존의 우버나 택시회사와 자연적으로 경쟁을 하게 될 것입니다. 그럼 어느 쪽이 운임을 더 저렴하게 책정할 수 있을까요? 당연히 구글이 더 저렴하게 운임을 책정할 수 있습니다. 그리고 사람이 직접 운전하는 것이 아니니까 할증 없이 24시간 운영이 가능해질 것입니다.

미국 같은 경우는 선진국임에도 불구하고 대중교통이 불편해서 부모가 아이들을 라이드해 주느라 시간을 합리적으로 잘 사용하지 못하는 경우가 많은데 우버가 생긴 이후로 부모가 자녀 라이드로부터 많이 자유로워졌습니다. 하지만 이런 우버도 비용이 부담스럽다는 단점이 여전히 존재하고 있습니다. 출퇴근 시간이나 심야 시간은 요금이 몇 배가 더 비싸졌기 때문입니다.

만약 무인자동차 시스템의 안전성이 확보되고, 어른 없이 아이들만 태울 수 있는 법적인 문제가 해결된다면 누구나 저렴하게 택시를 손쉽게 이용할 수 있게 될 것입니다. 뿐만 아니라 미국 부모들은 자녀 라이드로부터 해방이 되어서 더 많은 여가 시간을 확보하고, 그로 인해 행복감이 증가되는 사회 시스템이 만들어지며, 그것은 문화의 변화로까지 그 영향력이 확장될 수 있습니다.

물론 여러 가지 법도 자연스럽게 바뀌게 되겠지요. 인공지능 무인자동차에 면허증을 발급해야 하고, 보험회사도 무인자동차에 보험을 가입하라고 영업을 해야 하고, 무인자동차를 보유한 회사의 법적 책임도 정해지게 될 것입니다. 앞으로는 무인자동차와 인간이 운전하는 차가 사고가 났을 때 과실 비율을 따져서 보험 처리를 하게 될 것입니다. 그리고 사고율이 무인자동차가 현저히 낮다는 것이 증명되면 무인자동차의 보험료는 더 저렴해질 것이고, 인건비뿐만 아니라 많은 제반비용도 효율적으로 줄일 수 있게 됨으로써 가격 경쟁력은 더욱 좋아질 것입니다. 이런 식이라면 도로법도 현재의 인간 운전자 중심이 아니라 무인자동차 중심으로 바뀌게 될 가능성도 높아질 것입니다.

우리는 현재 앱이나 전화로 택시를 호출해서 이용하고 있지만, 구글은 개개인의 수많은 데이터를 보유하고 있기 때문에 스케줄을 미리 정해 놓는 경우에는 호출 없이도 무인자동차가 알아서 대기하고 있다가 사람을 목적지까지 알아서 데려다 줄 것입니다. 결제도 당연히 스마트폰에 저장되어 있는 카드, 어쩌면 연동되어 있는 가상화폐로 저절로 이루어질 수도 있습니다. 구글 무인자동차 시스템은 이처럼 사람들에게 저렴한 비용뿐만 아니라 편리함과 효율성 측면에서도 기존 업체들과는 경쟁이 되지 않을 독보적인 위치를 차지하게 될 가능성이 높아 보입니다.

그뿐만이 아닙니다. 무인자동차는 사람뿐만 아니라 많은 물류도 쉽게 운송하게 될 것입니다. 우리는 현재 간단한 물건을 주로 퀵배송, 택배로 보내고 있지만 앞으로는 무인자동차에 실어서 보내면 될 것입니다. 친구 집에 새로 담근 김치를 보내면 친구는 뜨끈하게 삶은 수육을 고맙다고 무인자동차에 실어 보내 줄 날도 멀지 않아 보입니다. 목적에 따라 차량에는 다양한 옵션도 있을 것입니다. 예를 들어 김치를 보낼 때는 냉장 기능이 있는 차량을 호출하겠지요. 이렇게 되면 택배 회사와 우체국은 본의 아니게 구글과 경쟁자가 될 수밖에 없습니다.

구글은 무인자동차를 미국에만 상용화하지 않을 것입니다. 당연히 미국을 시작으로 전 세계에 무인자동차를 보급하겠지요. 구글이 무인자동차를 상용화한다는 의미는 전 세계 모든 운송회사가 구글과 경쟁해서 살아남아야 한다는 것을 의미합니다. 아니면 구글이 만든 무인자동차에 의존하거나 파트너십으로 운영을 할 수도 있겠지요. 그러니까 구글의 무인자동차는 개인만 고객이 되는 것이 아니라 기업도 고객이 될 것입니다.

인간은 미지의 영역을 탐구하는 능력을 가지고 있습니다. 그것은 상상력과 통찰력입니다. 이 능력은 인공지능이 가질 수 없는 능력입니다. 직관과 통찰은 복제할 수 없기 때문입니다. 인공지능이 막대한 정보를 탁월하게 분석하는 능력은 있지만 상상력을 발휘해 새로운 영역에 도전하는 것은 여전히 인간의 몫이 될 것입니다. 4차 산업혁명 시대에 필요한 인재는 이처럼 상상력과 통찰력을 가지고 인류의 문제와 결핍을 해결하는 사람입니다.

아이의 상상력을 키우는 방법 실천하기

부모님은 제가 아톰 로봇이 나오는 만화 영화를 보고 있으면 "훌륭한 사람이 되려면 만화 영화 그만보고 공부해라"라고 말씀하셨습니다. 부모님의 눈에는 아톰이 황당무계한 만화로만 보였던 것입니다. 그런데 이 아톰 영화를 보고 성장한 우리 세대가 아톰과 같은 인공지능 로봇을 만들고 있습니다.

로버트 루트번스타인과 미셸 루트번스타인이 함께 쓴 《생각의 탄생》에는 이런 내용이 있습니다.

어느 초등학교 연극수업 시간에 있었던 일입니다. 선생님이 "여기 나무젓가락이 있어. 이걸 젓가락이 아닌 다른 쓰임새로 표현해보자."라고 했습니다. 아이들은 나무젓가락을 피리, 마이크, 회초리, 역기, 총으로 다양하게 표현했습니다. 그런데 한 아이는 막막한 표정만 짓고 있었습니다. 그 아이는 영재로 손꼽히는 우등생이었습니다. '정답이 있는 문제 풀이'에는 두각을 보였지만 정작 '정답이 없는 문제' 앞에서는 막막함을 느낀 것입니다. 왜일까요?

이 책의 저자들은 "충분히 놀지 못하는 아이는 충동 조절, 문제 해결 수단, 협동 능력 등을 발달시키지 못한다."고 말합니다. 또 "생각의 나라에서 자유롭게 놀지 못했기 때문이다."라고 진단합니다.

이 책에는 아이의 상상력을 키우는 방법들이 소개되어 있습니다. 이 방법들을 일상생활에서 아이와 함께 꼭 실천해보기 바랍니다.

1. 마음껏 놀 수 있는 장소를 제공할 것. 그곳은 다른 활동과 경쟁할 필요가 없는 '심리적 공간'이어야 합니다.
2. 혼자서 놀 수 있는 시간을 줄 것. 아이가 방해받지 않고 놀 수 있는 '신성한 시간'을 따로 떼어두어야 합니다.
3. 상상 도구를 지원해 줄 것. 아이들에게 놀고 흉내 내고 만들고 표현할 수 있는 '다양한 재료'를 주어야 합니다.
4. 가상 놀이를 장려할 것. '가상 놀이의 가치'를 부모가 인정하고 지원한다는 사실을 알게 해주어야 합니다.

10

사라지는 일자리와
새로 생기는 일자리

앞에서 얘기한 무인자율자동차가 상용화되면 우리 사회에는 많은 고용의 변화가 생기게 될 것입니다. 가장 먼저 운송업에 종사하는 분들이 직장을 잃게 될 것입니다. 그러나 한편으로는 많은 사람이 새로운 일자리를 갖게 될 수도 있습니다. 무인자동차가 고장 났거나 사고 발생 시 처리할 수 있는 직업군이 대표적이겠지요. 무인자동차는 차츰 전기차로 바뀔 것이고, 그렇게 되면 무인자동차가 전기를 충전하고 대기할 수 있는 기지가 필요하게 될 것입니다.

이제는 차량 내에 아예 운전석이 따로 존재하지 않을 수도 있습니다. 지금의 차는 엔진이 대부분을 차지하기 때문에 무겁고 사고 시 화재의 위험이 높지만 전기차로 대체되면 차량은 훨씬 가벼워지고 공간도 넓어져서 안전에 관계된 옵션과 특수 목적에 맞는 옵션들이 새롭게 개발될 것입니다. 개인의 성향과 이용하는 목적에 따라 자동차 내부 구조는 다양하게 만들어지고, 자동차 내부를 개성 있게 설계하고 디자인 해주는 직업군이 새롭게 생길 수도 있습니다. 차체도 지금은 철판을 사용하지만 얼마 지나지 않아 탄소 섬유로 대체될 것입니다. 그리고 차량의 대부분은 3D 프린터로 제작될 것입니다. 그것은 부속을 재고로 보관할 필요가 없음을 의미합니다. 구글은 기지국에 차량을 만들 수 있는 3D 프린터를 보유하게 될 것이고, 필요할 때마다 3D 프린터로 부속과 차체를 제작하게 되겠지요. 즉 프린터로 제작할 수 있는 도면만 있으면 언제나 필요한 때에 즉각적으로 만들어 낼 수 있게 되는 것입니다. 그것은 현재의 물류 시스템처럼 미리 생산을 해서 물건을 창고에 보관함으로써 발생하는 불필요한 비용을 줄일 수 있다는 것을 의미합니다. 그러나 한편으로는 불필요한 창고가 사라지고 그에 따른 비용절감 효과도 있지만 수많은 제조업과 물류업에 종사하는 사람들이 일자리를 잃게 될 수도 있습니다.

앞으로 20년 안에 모든 차가 전기차로 대체되면 차량은 자동차회사에서만 만들 수 있는 전유물이 아니라 누구나 만들 수 있는 비싼 가전제품으로 바뀌게 됩니다. 그렇게 되면 당연히 자동차 제조를 하는 사람들도 직장을 대부분 잃게 됩니다. 자동차 제조사도 일률적으로 만들던 차를 고객이 원하는 맞춤형 차로 제작하게 될 것입니다. 중요한 것은 3D 프린터로 차량을 제작하게 되는 시기에 자동차회사가 차를 제작해서 판매하고 있을지 삼성 같은 전자제품 만드는 회사에서 차를 제작해서 판매하고 있을지 아무도 분명하게 예측할 수 없다는 사실입니다. 어쩌면 개인 각자가 3D 프린터를 이용하여 개성 만점의 맞춤형 자동차를 만들어서 폼 잡고 다니게 될지도 모르는 일입니다.

구글이 무인자율자동차를 상용화한다는 것은 이런 많은 변화를 선도하고 있다는 의미입니다. 그리고 이것은 고용의 변화로 이어지고, 우리 삶과 문화의 변화로 이어질 것입니다. 그러나 우리의 삶이 4차 산업혁명으로 가는 과도기라 할 수 있는 현 시점에서는 이처럼 꼭 좋게만 바뀌게 되고, 우리 모두가 이러한 혜택을 누리게 된다는 것을 의미하지 않는다는 것을 알아야 합니다.

그렇다면 우리 아이들이 4차 산업혁명이 진행되는 과정에서 앞에서 말한 장밋빛 미래의 상황들을 누리면서 살게 하기 위해서 부모는 무엇을 준비해야 할까요?

앞에서 살펴보았듯이 선두 기업인 구글이 새로운 도전을 하고 성공을 하면 후발 기업이나 경쟁업체도 살아남기 위해서 필연적으로 변화를 꾀해야만 합니다. 선두 그룹의 변화는 경쟁 그룹 입장에서는 최소한 생존하기 위해서라도 어쩔 수 없이 따라 해야 하는 당위이기 때문입니다. 그래서 구글과 같은 선두 기업이 어떤 인재를 원하는지 파악하는 것은 미래를 대비하는 좋은 방법 중의 하나입니다.

아이의 미래를 위해서 오늘 부모가 해야 할 일

자동화 대체 확률이 높은 직업과 낮은 직업 알아보기

2016년 3월 24일 연합뉴스에서 눈에 띄는 기사를 봤습니다. 그것은 자동화 대체 확률이 높은 직업과 낮은 직업에 관한 것이었습니다. 기사를 인용하겠습니다.

'한국고용정보원은 우리나라 주요 직업 406개 중 인공지능과 로봇 기술을 활용한 자동화 등으로 직무가 대체될 확률이 높은 직업을 분석해서 발표했다. 이 연구는 영국 옥스퍼드대에서 미래 기술의 영향을 연구하는 칼 베네딕트 프레이와 마이클 오스본 교수가 제안한 분석 모형을 활용한 것이다.

각 직업이 ▲정교한 동작이 필요한지 ▲비좁은 공간에서 일하는지 ▲창의력이 얼마나 필요한지 ▲예술과 관련된 일인지 ▲사람들을 파악하고 협상·설득하는 일인지 ▲서비스 지향적인지 등을 주요 변수로 삼아 분석했다.

직무가 인공지능과 로봇으로 대체될 위험이 높은 직업 1~5위는 콘크리트공, 정육·도축원, 고무·플라스틱제품 조립원, 청원경찰, 조세행정사무원이었다. 이들 직업은 업무를 수행하기 위해 단순 반복적이고 정교함이 떨어지는 동작을 하거나, 사람들과 소통하는 일이 상대적으로 적은 특징을 보인다.

반면에 인공지능과 로봇으로 대체될 확률이 낮은 직업 1~5위는 화가·조각가, 사진작가·사진사, 작가 및 관련 전문가, 지휘·연주자 및 작곡가, 애니메이터 및 문화가 등 감성에 기초한 예술 관련 직업들이다.

박가열 고용정보원 연구위원은 "우리 사회가 인공지능과 로봇을 중심으로 한 4차 산업혁명을 주도하려면 교육 패러다임을 창의성과 감성 및 사회적 협력을 강조하는 방향으로 전환해야 한다"고 제안했다.'

더 구체적인 내용은 한국고용정보원 홈페이지(www.keis.or.kr)에서 볼 수 있습니다.

• 자동화 대체 확률 높은 직업 상위 30개

순위	직업명	대체 확률
1	콘크리트공	0.9990578
2	정육원 및 도축원	0.9986090
3	고무 및 플라스틱 제품조립원	0.9980240
4	청원경찰	0.9978165
5	조세행정 사무원	0.9960392
6	물품이동장비 조작원	0.9951527
7	경리사무원	0.9933962
8	환경미화원 및 재활용품수거원	0.9927341
9	세탁 관련 기계조작원	0.9920450
10	택배원	0.9918874
11	과수작물재배원	0.9912931
12	행정 및 경영지원관련 서비스 관리자	0.9907714
13	주유원	0.9906364
14	부동산 컨설턴트 및 중개인	0.9905343
15	건축도장공	0.9903322
16	매표원 및 복권판매원	0.9903009
17	청소원	0.9894615
18	수금원	0.9885702
19	철근공	0.9876370
20	도금기 및 금속분무기 조작원	0.9874874
21	유리 및 유리제품 생산직(기계조작)	0.9873264
22	곡식작물재배원	0.9851294
23	건설 및 광업 단순 종사원	0.9850730
24	보조교사 및 기타 교사	0.9833265
25	시멘트·석회 및 콘크리트 생산직	0.9828177
26	육아도우미(베이비시터)	0.9801165
27	주차 관리원 및 안내원	0.9796884
28	판매 관련 단순 종사원	0.9763884
29	샷시 제작 및 시공원	0.9744252
30	육류·어패류·낙농품가공 생산직	0.9733932

• 자동화 대체 확률 낮은 직업 상위 30개

순위	직업명	대체 확률
1	화가 및 조각가	0.0000061
2	사진작가 및 사진가	0.0000064
3	작가 및 관련 전문가	0.0000073
4	지휘자·작곡가 및 연주가	0.0000200
5	애니메이터 및 만화가	0.0000389
6	무용가 및 안무가	0.0000431
7	가수 및 성악가	0.0000744
8	메이크업 아티스트 및 분장사	0.0002148
9	공예원	0.0002440
10	예능 강사	0.0003703
11	패션 디자이너	0.0004093
12	국악 및 전통 예능인	0.0004344
13	감독 및 기술감독	0.0005145
14	배우 및 모델	0.0005162
15	제품디자이너	0.0005629
16	시각디자이너	0.0006010
17	웹 및 멀티미디어 디자이너	0.0006864
18	기타 음식서비스 종사원	0.0007376
19	디스플레이어 디자이너	0.0007926
20	한복제조원	0.0008479
21	대학교수	0.0009494
22	마술사 등 기타 문화 및 예술 관련 종사자	0.0010732
23	출판물기획전문가	0.0014434
24	큐레이터 및 문화재보존원	0.0016183
25	영상·녹화 및 편집기사	0.0016871
26	초등학교 교사	0.0017095
27	촬영기사	0.0023237
28	물리 및 작업 치료사	0.0024413
29	섬유 및 염료 시험원	0.0024896
30	임상심리사 및 기타 치료사	0.0025406

11

우리가 준비해야 할
미래의 기회

2016년 7월 세계경제포럼WEF은 '일자리의 미래The Future of Jobs'라는 보고서에서 인공지능 기술 등이 주도할 4차 산업혁명으로 인해 직업 군과 개념 규정이 근본적으로 달라질 것이라고 경고했습니다. 앞으로 5년 동안 4차 산업혁명으로 인해 총 710만 개 일자리가 사라지고, 반면 로봇 관련 신규 기술이 새롭게 만들어낼 일자리는 200만 개에 불과해서 약 500만 개의 일자리가 사라질 것이라고 전망했습니다. 실제로 앞으로 생겨날 직업의 예를 보면 너무나 생소한 것이어서 어떻게 준비하라는 것인지 감이 잡히지 않아서 당황하게 되기까지 합니다. 그러나 어떤 일이든 그 일을 할 수 있는 능력과 기능을 연마하면 시대와 상황에 따라 시장에 맞는 직업을 만들고 선택할 수 있습니다.

인공지능과 로봇이 등장해도 대체될 가능성이 낮은 직업들이 많이 존재합니다. 프레이와 오스본 교수의 논문에 따르면 치과의사, 영양사, 헬스트레이너, 초등교사, 레크리에이션 강사, 소방관 등이 인공지능과 로봇으로 대체될 가능성은 1% 미만이라고 합니다. 이들 직업은 인간의 독창성과 직관, 감정지능 등을 요구하거나, 손을 사용하는 일이나 육체노동 같은 인간 고유의 특성을 활용하고 직접 얼굴을 보며 소통을 하는 업무가 주를 이루기 때문입니다. 이러한 업무들은 의사결정 능력이 없는 인공지능과 로봇이 수행할 수 없습니다. 또한 어떤 학자는 예술가나 과학자처럼 창의력이 요구되는 직업이나 간호사처럼 환자와 긴밀한 관계를 유지해야 하는 직업은 자동화되기가 어렵다고 분석했습니다.

부모는 아이들이 직업을 선택할 때 어떤 도움을 주어야 할까요? 아이들에게는 고유의 특성이 있고 아이가 좋아하고 흥미 있어 하는 것이 있습니다. 그것을 스스로 개발할 수 있도록 도움을 주어야 합니다. 그것이 아이들이 인간답게 사는 길입니다. 그러므로 아이가 즐겁게 할수 있고 잘할 수 있는 일을 선택하도록 직업에 대한 정보를 제공하는 것이 바람직합니다.

지금 우리가 하고 있는 대부분의 일들은 사실상 인공지능과 로봇이하지 못하는 일들이 대부분을 차지하고 있습니다. 그러나 인공지능을 탑재한 자동화 로봇이 지금도 많은 분야의 설비에 인간 대신 투입되어 있고, 궁극적으로 인공지능 로봇은 거의 대부분의 산업분야에 투입될 것입니다. 지금 현재 존재하는 직업군은 인간의 고유한 능력을 필요로 하는 일이 아니라 과학 기술이 아직 발달하지 못하여 기계들이 하지 못하는 일들을 인간이 하고 있는 것뿐입니다. 이런 얘기를 하는 이유는 기계가 대체하는 일들을 인간의 고유한 영역이라고 착각하고 인공지능 로봇에게 직업을 빼앗긴다고 생각하기 때문입니다. 하지만 과학 기술의 발달로 인공지능 로봇이 산업 현장에 투입되면 인간 고유의 영역이 분명해지고, 인간만이 할 수 있는 일들이 생겨나기 때문에 4차 산업혁명 시대에는 지금의 모습이 아닌 전혀 새로운 모습으로 인간만이 할 수 있는 일을 하게 될 것입니다.

우리는 그러한 영역과 일들에 대해서 지금부터 서서히 알아가야 합니다. 그래서 부모가 아이들에게 지금의 기준으로 섣불리 좋은 직업군을 정해주면 인간다운 일을 못하게 되고 사라질지도 모르는 직업을 미리 선택해 주는 것과 같습니다. 앞으로 아이들이 진정으로 좋은 직업을 갖고 행복한 삶을 살게 하고 싶다면 더더욱 자신이 좋아하는 것을 알고 적성을 찾는 것이 절실하게 필요합니다.

12

드론이 가져오는
삶의 변화

저는 한여름에 너무 더워서 견딜 수 없을 때는 집에서 30분 거리에 있는 을왕리 해수욕장으로 갑니다. 요즘 그곳에 가면 가장 먼저 눈에 들어오는 것은 넓은 백사장, 일렁이는 파도, 멋진 근육질의 남자가 아닙니다. 하늘을 날고 있는 드론drone입니다. 드론을 하늘에 띄워서 해수욕하는 사람들의 안전을 관리하고 있습니다. 세상은 우리가 인지하든 인지하지 못하든 하루하루 달라지고 있습니다.

처음에 드론은 군사용으로 개발되었지만 지금은 지형지물에 구애받지 않고 접근과 감시가 가능하다는 장점이 있어서 민간부문에서도 많이 활용되고 있습니다. 드론으로 논밭에 농약과 비료를 뿌리고 사람의 접근이 어려운 위험지역을 정찰하여 조난자를 찾기도 합니다.

앞으로 드론에 인공지능 기술이 더해지면 어떤 삶의 변화가 일어날까요?

    한국에서는 마트에서 구입한 물건을 당일 배송으로 받는 것이 너무나 당연한 일이 되었습니다. 하지만 땅덩어리가 너무나 크고 넓은 미국에서는 얼마 전까지만 해도 이것은 꿈같은 일이었습니다. 그런데 아마존이 그 일을 해냈습니다. 미국 거대 도시들을 시작으로 당일 배송을 하고 있습니다. 현재 미국 사람들은 아마존 사이트에서 야채, 과일 등의 식료품까지 쉽게 주문을 할 수 있게 되었습니다. 아마존 사이트에서 반복적으로 주문을 해야 하는 번거로움을 해소하기 위해 스마트폰에 앱을 깔거나 '알렉사'라는 아마존 인공지능 비서에게 물건이 필요할 때마다 음성으로 명령만 내리면 필요한 물건의 주문, 결제가 자동으로 되고, 당일 배송으로 물품을 받고 있습니다.

    아마존의 이런 변화 때문에 월마트는 온라인 쇼핑회사를 인수하고 온라인 매출 비중을 늘리기 위해 애쓰고 있습니다. 반면에 미국의 중소형 마트나 자영업자들의 매출은 계속 감소하고 있습니다. 그 결과 미국 최대의 유기농 마트였던 '홀푸드'는 아마존에 인수 합병이 되었습니다.

    결국 아마존이라는 기업의 배송 혁신으로 세계적인 기업 월마트는 경영의 방향성을 바꾸었고, 경쟁업체들은 매출에 큰 타격을 입고 그중 한 회사는 아마존에 인수 합병이 되는 처지에 놓이게 되었습니다.

    아마존은 배송 혁신을 위해 드론을 상용화하는 기술 개발을 10년 넘게 해오고 있습니다. 얼마 전에는 벌집모양 드론 착륙장을 디자인

했고 이미 특허 등록까지 마친 상태입니다. 드론은 머지않아 아마존의 핵심 비즈니스 중 하나가 될 것입니다. 정확한 배송을 하기 위해서는 기술적으로 극복해야 할 과제가 아직 남아 있지만 아마존이 드론을 상용화한다면 세상에는 어떤 변화가 일어날까요?

아마존은 오지 산간에 드론을 이용한 배송을 상용화할 계획을 가지고 있습니다. 추후에는 신선도 유지가 매우 중요해서 아직은 일반화되지 못하고 있는 요리 음식도 배송한다고 합니다. 또 얼마 후에는 사람까지도 운송할 수 있는 시스템을 구축하려고 움직이고 있습니다.

아마존이 드론을 상용화해서 직접 만든 따뜻한 피자나 햄버거, 차가운 아이스크림을 판매하고 배송까지 한다면 소비자는 집에서 저렴한 가격으로 편리하게 맛있는 음식을 먹을 수 있지만, 반면에 수많은 업종의 소매업체는 문을 닫을 수밖에 없는 처지가 됩니다. 배송 서비스는 포기하더라도 아마존보다 더 비싼 셰프를 고용하고 더 신선한 재료를 사용하면서도 더 저렴하게 팔 수 없다면 말입니다. 또한 얼마 지나지 않아 기존의 피자 회사나 햄버거 회사도 타격을 입게 될 것이 분명합니다. 그 기업들도 결국 살아남기 위해서 자체 기술 개발을 하거나 아마존의 배송 서비스를 이용하게 될지도 모르겠습니다. 기업들은 결국 가격 경쟁력을 갖추기 위해서 고용 해고를 하나의 해법으로 선택하게 되겠지요.

드론으로 사람을 운송할 수 있다면?

이미 중동의 한 국가에서는 드론으로 사람을 운송하기 시작했습니다. 그렇다면 아마존이 드론으로 사람을 운송하게 되면 세상은 또 어떻게 바뀌게 될까요?

현재 드론은 사실 그렇게 빠르게 날지는 못합니다. 그런데 공중에서 움직이기 때문에 직선으로 목적지까지 갈 수 있습니다. 구불구불한 길로는 300km 떨어진 곳에 목적지가 있다면 드론의 이점인 직선으로 가면 60km로 이동거리가 줄어들면서 속도감 있게 이동할 수 있습니다.

예를 들어 서울에서 부산으로 이동해야 할 경우 김포공항에서 김해공항까지는 1시간이 채 걸리지 않지만 서울의 집에서 부산의 지인 집에 가려면 비행기를 타도 김포공항까지의 이동 시간과 김해공항에서 부산까지 이동하는 시간을 합치면 3시간 이상의 시간이 소요됩니다. 그래서 어떤 경우에는 비행기보다 KTX를 이용하면 시간이 더 단축되기도 합니다.

그래서 드론을 이용한 이동을 생각해 볼 만합니다. 드론을 활용한 이동은 한국에서 전국 어디를 가도 1시간 정도면 출발지에서 목적지까지 갈 수 있게 된다는 것을 의미하는 것이니까요.

드론으로 인한 신기술이 사람들의 일자리를 위협할 가능성은 있지만 드론 자체가 파생시키는 일자리들도 많이 늘어날 수 있습니다. 예를 들면, 드론 조종사, 드론 수리 기술자, 드론 운행 관리원, 드론 판매원 등이 있습니다. 드론의 활약만큼 드론의 오용으로 인해 프러이버시 침해, 비행 충돌에 의한 물리적 피해, 보안사고 등 많은 문제들이 일어날 수 있는데 이를 해결하는 새로운 직업들도 생길 수 있습니다. 예를 들면 피해를 보상하는 보험상품 판매원이나 사생활 보호 프로그램 개발자, 보안관리 매니저 등입니다.

드론이 상용화되면 우리 삶에는 또 어떤 변화들이 생겨날까요?

주택의 디자인도 바뀔 것입니다. 개인 주택의 경우는 옥상이나 마당에 드론 착륙장을 만들게 될 것이고 아파트에는 아마존이 특허를 낸 벌집 모양의 드론 착륙장이 한 동을 차지하게 되지 않을까요?

드론의 일차원적인 변화는 결국 인류의 교통과 주택 문화를 바꾸어 놓을 것이고, 지금은 존재하지 않는 하늘 길에 대한 정의와 법령이 만들어지게 할 것입니다. 거리에 대한 개념도 바뀌게 될 것이고, 운송회사는 치명적인 타격을 받게 될 것입니다.

대표적인 글로벌 기업인 구글이나 아마존 등이 기술 혁신에 성공할수록 경쟁업체도 살아남기 위해서 변할 수밖에 없는 구조 속에 우리는 이미 살고 있습니다. 4차 산업혁명의 변화에 적응하지 못하면 자연히 도태되고, 변화에 잘 적응하면 살아남을 수 있습니다. 하지만 잘 적응하더라도 우리에게 당연하게 보장되는 미래란 없습니다. 변화와 혁신을 통해서 미래를 창조하고 성공했을 때만이 우리의 미래가 보장되는 것입니다. 그래서 우리나라가 미래를 선도하려면 교육 시스템부터 바꾸고 혁신해서 미래가 원하는 인재를 키워내야 하는 것입니다.

아이가 잘할 수 있는 일이 무엇인지
스스로 질문하도록 격려하기

지금 우리가 살고 있는 시대는 그 어떤 것도 삶의 안정을 보장해주지 않습니다. 그러니 아이들이 미래의 주역으로서 살아가려면 그들이 가지고 있는 꿈을 실현할 수 있게 힘을 길러주는 길밖에 없습니다. 부모는 아이가 진정 하고 싶은 것이 무엇인지 함께 대화를 나누면서 아이 스스로 하고 싶어 하는 것을 찾을 수 있도록 길잡이가 되어 주어야 합니다.

앞으로는 대규모로 할 수 있는 산업과, 개인의 창의성을 바탕으로 한 개성이 담긴 사업으로 양분화 될 것입니다. 개인사업은 자신의 개성을 사람들이 기꺼이 돈을 지불하고 사게 될 때 생활의 안정을 추구할 수 있습니다.

역설적이게도 안정된 삶을 살기 위해서는 도전 정신을 가져야 합니다. 저는 4차 산업혁명의 아이콘인 엘론 머스크Elon Musk의 조언을 소개해 드리고자 합니다. 그는 테슬라의 CEO이자 영화 〈아이언맨〉의 모델입니다. 그는 괴짜이며 과감한 리더십을 보이기도 합니다. 그는 이렇게 말했습니다.

첫째, 어떤 선택을 할지 질문하라. 그것이 해결되면 나머지는 정말 쉽다.

둘째, '어떻게 돈을 벌 것인가?'라는 질문도 중요하지만 '인류의 미래에 가장 큰 영향을 끼치는 것이 무엇일까?'라는 질문을 많이 하라.

셋째, 좋은 피드백보다는 나쁜 피드백에 신경을 쓰고 그와 같은 피드백을 친구들에게 받을 수 있도록 노력해라. 정말 큰 도움이 될 것이다.

저는 이 조언들도 중요하지만 엘론 머스크가 들려 준 다음 조언을 더 강조하고 싶습니다.

"성공하기 위한 간단한 조언을 해주자면, 계속적으로 여러분이 하는 일에 대해 어떻게 하면 잘할 수 있을지 고민하고 지속적으로 어떻게 잘할 수 있을지 스스로에게 질문하는 것이다."

3장

미래가 원하는 인재로
키우는 자녀교육법

13

대학 브랜드나 스펙에
집착하지 마라

저는 시간이 날 때마다 전동킥보드를 타고 씨사이드 파크 해변공원 길을 따라 구읍뱃터까지 가곤 합니다. 제 옆으로는 3~4명씩 레일바이 크를 타는 사람들이 지나갑니다. 해변공원길이 7km 정도이니 꽤 오 랫동안 발을 움직여야 하는데 하나같이 즐거운 표정입니다. 같이 타 는 사람들이 서로 사랑하는 마음으로 상대가 덜 힘들도록 페달을 같이 돌려주니까 가능한 일이겠지요?

물론 상황에 따라 누구는 좀 쉬기도 하고, 그때 다른 사람은 좀 더 열심히 페달을 돌려주고 하는 것은 너무나 인간적인 것입니다. 이런 일도 "합리적으로 10분씩 나누어서 페달을 돌리자"라고 말하는 사람 이 있다면 힘은 덜들 수 있겠지만 행복하지는 않을 것 같습니다.

4차 산업혁명 시대에는 인공지능과 로봇이 인간을 편하게 해주고 즐겁고 행복하게 해주겠지만 아무리 기술이 발전하더라도 미래 사회에는 인간만이 할 수 있는 것들이 더 중요해지지 않을까요? 그러기에 지금 우리 교육에서는 사회성과 관계의 중요성을 더 절실하게 강조해야 합니다.

스펙보다 더 중요한 것은 메타지식이다

〈뉴욕타임스〉 칼럼니스트인 토머스 프리드먼이 쓴 '구글에 취직하는 방법How to Get a Job at Google'이라는 제목의 칼럼을 읽은 적이 있습니다. 구글 채용 과정을 총괄하는 라슬로 바크와의 인터뷰를 다룬 글인데, 칼럼에 따르면 바크는 이렇게 말했습니다.

"채용기준이라는 관점에서 보았을 때, 후보자들이 대학에서 받은 학점은 아무런 가치가 없다. 각종 시험 성적 역시 의미가 없다. 우리는 그런 숫자가 유용한 정보를 제공해주지 않는다는 사실을 알고 있다."

학점이나 시험 성적만이 아닙니다. 구글은 후보자들이 졸업한 대학의 브랜드 가치, 심지어 대학 졸업장 자체를 중요하게 생각하지 않는다고 합니다. 그런 것들과 구글의 성공 사이에 특별한 함수관계가 없다는 것을 깨달았기 때문입니다. 바크에 의하면 대학의 브랜드와 좋은 시험 성적은 오히려 독이 되는 경우가 더 많다고 합니다.

예전의 산업구조에서는 많은 지식을 습득한 똑똑한 엘리트들이 좋은 성과를 낼 수 있어서 대학 브랜드 가치가 인정을 받았습니다. 하지만 지금 인공지능의 기술이 발달한 산업군에서는 오히려 똑똑한 인재들이 변화에 유연하게 대처하지 못하고 한계성을 드러내고 있습니다. 그래서 구글에서는 직원을 채용할 때 대학 브랜드 가치에 크게 의미 부여를 하지 않게 된 것입니다.

그렇다면 구글이 직원을 채용할 때 주목하는 부분은 무엇일까요?

숫자로 표현되는 외형적인 '스펙'이 아니라 소프트 기술soft skills이라고 불리는 자질입니다. 프로그래머의 실력을 파악하기 위해서 코딩 실력을 확인하는 것은 당연한 일이지만, 그 밖에 리더십leadership, 지적 겸손intellectual humility, 협동collaboration, 적응력adaptability과 같은 자질을 중요하게 평가합니다. 이런 자질은 학교 성적이나 대학 브랜드 가치와는 직접적인 함수관계가 없습니다.

이 중에서 가장 중요한 자질은 '지적 겸손'입니다. 그것은 몇 가지 속성을 합친 개념인데, 보기에 따라서 리더십, 협동, 적응력과 같은 속성을 포함하기도 합니다. 여기서 '겸손'은 '잘난 척하지 말고 겸손하라'고 할 때의 겸손이 아닙니다. 그런 품성을 갖춘다면 좋은 일이지만 여기에서 말하는 '지적 겸손'은 구체적인 '지적 능력'을 가리킵니다.

그 능력을 두 가지 정도로 설명하면, 하나는 다른 사람의 아이디어를 인정할 수 있는 능력이고, 다른 하나는 실수로부터 배우는 능력입니다. 프로그래머들은 기술적인 논쟁을 할 때 자신의 잘못을 인정하는 것을 죽는 것보다 싫어하는 태도가 DNA에 각인되어 있는 듯합니다. 특히 지능지수IQ가 높고 성적이 좋은 사람일수록 타인의 아이디어를 수용하거나 자신의 실수를 인정하는 것을 견디지 못합니다.

제가 여기서 구글의 인재 채용 요건에 대해서 다루는 이유는 구글에 입사하는 것을 삶의 목표로 생각하는 사람들에게 안내를 해주기 위한 것이 아니라 글로벌 기업들이 어떤 인재를 원하고 있는지 살펴보는 것이 의미가 있을 수도 있겠다는 판단이 섰기 때문입니다.

사교육 강사의 말을 듣고 아이들의 미래를 준비하기보다는 구글과 같은 글로벌 기업이나 공신력 있는 국가기관의 온라인 사이트에 들어가서 그들이 미래를 어떻게 설계하고 있는지 살펴보는 것이 낫습니다. 그런 다음에 부모 스스로 미래의 방향성을 찾고 고민하고 결정하는 것이 진정으로 아이들을 위한 길이고 가치 있는 일이라는 것을 이야기하고 싶을 뿐입니다. 왜냐하면 글로벌 기업들은 가장 먼저 세상의 변화를 알아차리고 사실상 세상의 변화를 선도하고 있기 때문입니다.

구글 채용 과정을 총괄하는 라슬로 바크는 특정한 기술을 깊게 아는 '전문성expertise'에 낮은 비중을 둔다고 합니다. 전문성보다는 다양한 정보를 토대로 최선의 판단을 내리는 적응력이 중요하기 때문입니다. 새로운 지식을 빨리 흡수해서 자기 것으로 만드는 능력은 더 중요합니다. 여기서의 지식은 일반적인 지식이 아니라 메타지식입니다.

앞에서 얘기한 '지적 겸손'은 태도나 품성이 아니라 바로 이와 같은 '메타지식 능력'을 일컫는 것입니다. 프로그래머가 다루어야 하는 정보의 양은 과거와 비교할 수 없을 정도로 많고, 의미 있는 소프트웨어를 개인이 만드는 것이 아니라 팀이 공동으로 작업해야 하는 요즘에는 더더욱 그런 능력이 필요합니다. 탁월한 전문성을 갖췄지만 지적 겸손이 부족한 엘리트보다는 전문지식은 부족해도 새로운 것을 빨리 습득할 수 있는 능력을 갖춘 프로그래머가 요구되는 시대입니다.

14

학원보다는 구글 사이트로
출근하는 부모가 되라

다른 사람의 아이디어가 자기 것보다 낮다고 판단되면 즉각적으로 수용하는 사람이 되어야 합니다. 실수나 실패를 부끄러워하는 것이 아니라 실수나 실패로부터 마땅히 배우는 사람이 되어야 합니다. 이 것이 미래 사회가 원하는 인재의 자세입니다.

구글은 똑같은 내용을 수없이 반복해서 1등을 한 사람을 인재로 여 기지 않습니다. 오히려 예상치 못한 변수에 부딪쳐도 이겨나갈 수 있 고 설령 실패한다 하더라도 긍정적으로 받아들이고 즐기면서 해결할 수 있는 사람을 인재로 생각합니다. 한마디로 타인의 능력을 받아들 여서 자신의 자산으로 키워내는 것이 중요합니다. 제아무리 전문가라 고 해도 타인의 능력을 받아들이면서 자신의 자산으로 키워내는 사람 을 당하기는 어렵습니다.

빅데이터^{Big Data}, 머신러닝^{Machine Learning}, 사물인터넷^{IoT}, 멀티 플랫
폼^{Multi-Platform}의 시대에는 하나의 지식이 생명을 다하는 주기가 짧습
니다. 죽은 지식을 버리고 펄떡이는 새로운 지식을 받아들여야 하는
미래의 비즈니스에서는 속도와 능력이 매우 중요합니다.

이렇듯 구글이 대학의 브랜드나 성적에 의미를 부여하지 않는 이
유는 특별한 것이 아닙니다. 지식보다 메타지식이 중요해지는 시대의
흐름을 정확하게 읽고 있기 때문입니다.

구글이 이러한 인재를 원하고 있고 그것이 검증된 사실이고 기업의
이익을 반영하고 앞으로 추진하는 사업에서도 필요로 하는 사람이라
면 결국 후발업체나 경쟁업체도 살아남기 위해서 혹은 경쟁에서 이기
기 위해서 결국 이러한 채용 기준으로 인재를 선발하게 될 것입니다.

세상의 변화를 선도하는 구글과 같은 회사에서 원하는 인재상을 부
모들이 알면 아이를 교육할 때 무엇에 주안점을 두어야 하는지를 확실
하게 판단할 수 있을 것입니다. 그것이 좋은 학원을 찾아다니는 것보
다 아이의 미래를 위해 더 중요한 일입니다.

〈사이언스 타임스^{The Science Times}〉는 2017년 6월 14일 '사이버 혁명
시대, 기업에서 원하는 인재상은?'이라는 기사 제목으로 글로벌 경쟁
력이 강조되는 요즘에는 창의적 인재를 중시한다고 보도했습니다.
과학 기술만을 습득한 기술인이 아니라 인문적 통찰력, 사회적 실무
능력, 과학적 전문성, 예술적 창의력 등 융합을 요구하고 있는 것입니
다. 실제로 인사 담당자들을 대상으로 하는 설문조사에 따르면, 88%

가 '보통 이상의 융합교육이 필요하다'고 요구하고 있으며, 이는 창조적 전문인력 확보와 조직간 의사소통 차원에서 중요하다고 답하고 있습니다.

이러한 시대적 요구에 따라서 대학에서도 그에 맞는 인재를 육성하기 위해 노력하고 있는데 공학의 실용성을 바탕으로 인문분야에서는 인문적 통찰력, 사회분야에서는 사회적 실무능력, 자연분야에서는 과학적 전문성, 예능분야에서는 예술적 창의력과 융합 프레임을 강조하고 있습니다.

미래를 예측하는 세계적인 석학들은 한결같이 "가까운 미래에는 융합을 통해 지식이 생성되고 제품이 개발되는 시장 수요가 이뤄질 것"이라고 말합니다. 따라서 기업은 이에 맞는 인재를 찾기 위한 노력을 지속할 것이고 교육은 이에 부응하는 프로그램 개발을 서두를 것입니다.

그렇다면 사회에서 바라는 인재상은 기본적으로 인간미가 있고 자신의 전문능력을 기본적으로 갖추고 있으면서 융합과 소통을 잘 하는 사람이 아닐까요?

아이의 미래를 위해서 오늘 부모가 해야 할 일

아이를 믿고 기다려 주기

부모들은 무언가 한두 가지 과외 공부를 시키지 않으면 남에게 뒤처진다는 생각을 갖고 있기 때문에 피아노, 미술, 무용, 태권도 등 무엇 하나는 가르치려고 합니다. 아니 시간만 허락한다면 다 가르치고 싶어 합니다. 이런 부모들의 강요에 떠밀려 아이들은 학원을 오가고 그러다 보니 싫증을 낼 수밖에 없습니다.

부모가 욕심을 버려야 아이가 제대로 자랄 수 있습니다. 아이가 원하고 잘하는 것을 하면서 사회인으로서 잘 살게 된다면 그것만큼 좋은 일은 없습니다. 이렇게 되기 위해서는 어릴 때부터 부모가 조바심을 버리고 천천히 지켜보면서 아이가 정말 잘하고 좋아하는 일을 선택하여 집중할 수 있도록 도와야 합니다. 이때 현명한 부모는 많이 기다리고 느긋하게 생각한다는 진리를 다시 한 번 되새길 필요가 있습니다.

부모는 아이가 과제를 완수할 때까지 기다려 주는 자세가 필요합니다. 급하고 인내심 없는 부모의 양육 태도로는 아이의 자존감을 높여 줄 수 없습니다. 아이가 도움을 요청할 때까지 기다렸다가 손을 내밀어도 늦지 않습니다. 부모가 무조건 손을 먼저 내미는 것은 아이가 혼자서도 잘 해낼 수 있을 거라는 믿음이 부족하기 때문입니다. 어떤 과제를 수행하는 데 있어서 불안하고 걱정 섞인 표정을 짓는다면 아이에게 부모의 감정이 고스란히 전달됩니다. 아이가 잘 해낼 수 있다고 믿어 주는 것이 부모가 할 일입니다. 아이는 부모가 자신을 신뢰한다는 것을 알면 올바르게 행동하려고 노력합니다. 올바른 행동을 하면 결과도 좋다는 것을 경험합니다. 이런 경험이 쌓이면 인성교육도 자연스럽게 됩니다.

15

실패보다 더
현명한 선생님은 없다

소위 엘리트라는 사람들의 가치에 의미를 두지 않는 사회 현상은 월가에서도 나타나고 있습니다. 월가에서는 이미 기존의 엘리트들이 하던 일들을 인공지능이 대체하고 있습니다. 인공지능은 정보를 파악하는데 0.1초도 걸리지 않고 매수나 매도 수만 건을 한 번에 처리할 수 있습니다. 엘리트보다 일하는 속도가 훨씬 빠르고 수익률도 훨씬 더 좋습니다. 게다가 24시간 일할 수 있습니다. 아무리 똑똑한 엘리트도 인공지능에는 상대가 되지 않기 때문에 더 이상 최고의 대접을 받을 수 없게 되었습니다.

게다가 기업들은 기존의 엘리트들이 자신이 최고라는 자만심이 있어서 다른 사람으로부터 자기 의견이 무시당하면 경직되고 업무능률이 떨어진다는 것을 경험을 통해서 알게 되었습니다.

4차 산업혁명 시대에 사회나 기업이 원하는 인재상은 변화에 유연하게 대처하고 다른 사람의 의견을 존중하며 화합해서 합리적인 결과를 도출해내는 사람입니다.

구글 채용과정을 총괄하는 라슬로 바크는 이렇게 말했습니다.

"성공적인 삶을 살아온 똑똑한 사람들은 실패를 경험한 적이 없다. 그래서 그들은 실패로부터 배우는 방법을 알지 못한다. 배우는 대신 잘못된 판단을 한다. 성공을 하면 자기가 천재이기 때문에 그런 거라고 생각하고, 실패를 하면 다른 사람이 멍청하기 때문에 혹은 자기에게 충분한 자원이 주어지지 않았기 때문이라고 생각한다."

그동안 똑똑하다고 인정받았던 사람들은 자신의 판단이 잘못되었다는 것을 받아들이지 못해서 실패에서 마땅히 배워야 할 것들을 온전히 배우지 못하고 있다는 지적입니다. 이것은 4차 산업혁명 시대에 강조되고 있는 역량 중 하나인 '실패로부터 배우는 능력'과 명백하게 상반되는 것입니다.

저는 학생들과 프로젝트 수업을 진행할 때 이와 비슷한 경험을 한 적이 있습니다.

프로젝트 수업은 학생들 스스로 기획하고 실행하는 힘을 기르는 것이 목적입니다. 실제로 학생들과 프로젝트를 진행하다 보면 기존 학교 시스템에 잘 적응하고 성적이 우수했던 학생일수록 실패 자체를 두려워했고 실패를 했을 때 그 결과를 받아들이지 못했습니다. 결국 다른 학생들과 협력하면서 프로젝트를 수행하는 것을 매우 힘들어 했습니다.

또한 편견에 사로잡혀서 자신보다 역량이 조금 뒤떨어진다고 생각하는 학생과 프로젝트를 진행하면 자기가 손해를 본다는 의식이 강했습니다. 우등생들은 성적이 좋지 않았던 학생들보다 프로젝트 수업에서 성과에 많이 집착했지만 팀워크에는 잘 적응하지 못하는 모습을 보였습니다.

이것은 경쟁을 부추기는 지식 습득 교육의 가장 큰 병폐를 보여주는 사례입니다. 남들보다 지식을 많이 습득하는 것이 문제가 있다는 얘기가 아닙니다. 남들과 경쟁하여 무조건 1등을 하겠다는 욕심만 앞세우면 점점 이기적인 사람, 협력할 줄 모르는 사람, 공감 능력이 떨어지고 인간미 없는 사람이 될 수밖에 없습니다.

요즘도 그렇지만 4차 산업혁명 시대에는 더더욱 협업하는 능력이 절실합니다. 예를 들어 할리우드에서도 최고의 감독과 스태프들이 모여 영화를 만들지만 대인관계가 좋지 않고 협업 능력이 떨어지는 전문가에게는 기회를 주지 않는다고 합니다. 할리우드에서도 협업 능력을 중요한 평가 기준으로 삼고 있습니다. 아이들에게 협업을 잘할 수 있는 소통 능력과 배려심, 공감 능력을 키워 주어야 합니다.

욕구 좌절 경험도 필요하다는 것을 알려주기

아이들은 성장하는 과정에서 많은 일을 겪습니다. 때로는 자신의 욕구가 지연되거나 좌절되는 경험을 합니다. 이것은 성장하는 과정에서 피할 수 없는 일입니다. 이럴 때 부모는 관심을 가지고 지켜보아야 합니다. 아이가 스스로 시행착오를 겪도록 해야 합니다. 이런 경험을 통해 아이는 불편과 고통을 느끼기도 하지만 기다림과 인내하는 것을 배우게 됩니다.

아이가 힘들어 할 때는 격려와 용기를 주고 실패했을 때는 재도전을 하도록 지지해주는 것이 부모의 역할입니다. 아이가 실패하더라도 좌절하지 않고 새롭게 다시 시작하는 것을 가르쳐 주면 자기통제나 자기조절과 같은 능력을 키울 수 있습니다.

16

인공지능과 협력할 수 있는
사람으로 키워라

혹시 스파이크 존즈 감독이 만든 영화 〈그녀^{Her}〉를 보셨나요? 이 영화는 한 남자와 여자의 사랑을 다루고 있습니다. 그런데 이 여자는 인간이 아닌 '인공지능'입니다. 다른 사람들의 편지를 대신 써주는 대필작가 시어도어는 스스로 생각하고 느끼는 운영체제인 사만다를 구매하고 사랑의 감정을 느낍니다. 남자는 그녀와 산책하고 쇼핑하고 여행하고 게임 등을 하면서 대화를 나누고 보통 연인들처럼 사랑하고 집착하고 다투기도 합니다. 인공지능과 관계를 맺고 사랑을 느낀다는 영화 속 얘기가 현실에서도 가능할까요?

이것은 불과 몇 년 전까지만 해도 현실감 없는 기발한 영화 소재일 뿐이었습니다. 이 영화가 인기를 얻었을 때 누구도 인간과 인공지능 운영체제 간의 가상관계가 실현될 거라고 예상하지 못했습니다.

그런데 중국의 전자상거래 웹사이트 '타오바오'는 외로운 남성들에게 가상 관계를 판매하고 있습니다. 20위안[3.26달러]만 있으면 위챗을 통해 인공지능 여자 친구를 만들 수 있습니다. 모닝콜, 굿나잇콜뿐만 아니라 24시간 언제나 외로운 남성들의 이야기를 들어준다고 합니다. 남성들은 옆집 동생 스타일, 유명 여가수 스타일, 지적인 스타일, 로리타 스타일 중에서 여자 친구를 고를 수 있습니다.

현재 중국에서 이 서비스를 이용하는 남성들 중 일부는 가상의 여자 친구에게 교감을 느끼고 있는데, 그 이유는 자신의 말을 잘 들어주고 친절하고 화내지 않고 바가지를 긁지도 않고 무리한 요구를 하지 않으며 상처를 주지 않기 때문이라고 합니다.

인공지능은 고객과 소통하면서 자체적으로 점점 더 발전하고 있습니다. 몇 년 후 더 많은 고객과의 관계를 통해 스스로 업그레이드가 되면 고객을 최상으로 만족시켜 주는 서비스를 하게 될 것입니다. 인공지능의 업데이트는 멈추지 않고 진행이 가능한 것이기에 사람이 싫증 낼 겨를도 없이 계속 변화할 수 있음을 의미합니다. 만약 모든 인간이 인공지능과의 관계를 인정하고 교감하고 유지하게 되었을 때 인간과 인간의 관계는 어떻게 변화하고 어떻게 바뀌게 될지 우리는 지금 상상해야 합니다.

인간과 교감하는 인공지능

조금 불편한 이야기를 하려고 합니다. 현재 일본, 중국, 미국, 유럽의 국가에서는 사람과 거의 흡사한 인형을 만들어서 판매하고 있습니다. 이 인형은 가벼운 메탈 소재로 뼈대를 만들고 그 뼈대 위에 의학용 실리콘으로 인간의 피부와 비슷한 질감을 느낄 수 있는 여성 또는 남성의 몸으로 만들어졌습니다. 완전히 사람 같은 인형입니다. 이 인형의 용도는 성관계를 위한 것입니다.

이런 섹스 인형은 말을 하지 못합니다. 스스로 움직이지도 못합니다. 단지 겉으로 보기에 사람 같은 모습을 하고 있을 뿐입니다. 그럼에도 불구하고 이 섹스 인형을 소유하고 있는 사람들은 자신의 인형을 사랑하고 아끼고 관계를 맺는데 아무런 불편함을 느끼지 못한다고 합니다. 오히려 인형을 사랑하게 된 사람들은 인간과의 관계를 불편해합니다.

이들은 자신의 인형이 싫증나면 다른 인형을 사거나 다른 사람이 소유한 인형과 자기 것을 바꾸기도 합니다. 인형이 싫증났을 때 인형 대신 사람을 만나려고 하지 않고 새로운 인형을 원한다는 것에 주목할 필요가 있습니다. 왜냐하면 지금 이런 섹스 인형을 만들고 있는 회사들은 인형에 인공지능을 탑재하고 간단한 동작이 가능한 로봇을 만들려고 하기 때문입니다. 미국의 한 기업은 이미 소통이 가능한 섹스봇 개발에 성공했다고 합니다. 몇 년 안에 간단한 동작을 할 수 있게 만들어서 상용화하는 것을 목표로 하고 있습니다. 가격은 3천만 원에서 5

천만 원 선이 될 것이라고 합니다.

　로봇을 인간처럼 완벽하게 움직이게 하려면 연구비도 많이 들고 기술 개발도 쉽지 않은 일이지만 섹스봇을 만드는 회사들은 걸어 다닐 필요가 없고 특정 동작만 섹스봇이 스스로 판단하고 움직이면 되기 때문에 몇 년 안에 상용화 할 수 있다고 합니다. 지금 섹스 인형을 소유하고 있는 사람들도 인공지능 섹스봇을 애타게 기다리고 있습니다. 기꺼이 비싼 돈을 지불하더라도 인공지능 섹스봇을 사려고 합니다. 이들은 인공지능 섹스봇이 싫증났을 때 역시 사람과의 소통보다는 섹스봇을 다시 사거나 업그레이드 버전을 선택할 확률이 높습니다.

　취향이 독특한 사람만 이런 섹스봇을 사려고 하는 것이 아닙니다. 대인 관계에서 불편함을 느끼는 사람, 장애를 겪고 있는 사람, 배우자와 사별한 노인 등 다양한 사람들이 이런 인형을 소비하고 있고 인공지능 섹스봇을 기다리고 있습니다.

　우리는 인간끼리만 할 수 있었던 고유의 것들을 인간과 흡사해 보이는 인공지능을 가진 로봇과 하게 되는 세상에 이미 살고 있습니다. 외로운 사람들은 말벗이 되어 주고 정서적 위로를 해주는 인공지능 로봇이 상용화 될 날만 기다리고 있습니다. 인간이 인간을 위해서 해야 하는 일들 중에는 귀찮거나 싫거나 돈이 안 되는 일들이 있습니다. 이렇게 관계에서 소외된 사람들이 앞으로는 사람에 의지해서 살아가게 되는 것이 아니라 인공지능 로봇과 소통하고 의지하며 살아가게 되는 세상이 오고 있습니다.

　이미 자신이 만든 인공지능 로봇과 결혼한 사람이 있고 자신이 사

랑하는 강아지에게 유산을 물려주는 사람도 있습니다. 머지않아 인공
지능 로봇에게 유산을 물려주는 사람도 나올 것입니다. 가까운 미래
에는 로봇이 청소도 하고 빨래도 하고 요리도 하게 될 것입니다. 앞에
서도 언급했듯이 로봇과 소통을 하고 정서적으로 교감한다는 것은 우
리가 일상에서 사랑하는 사람과 함께하고 있던 것을 로봇과 하게 된다
는 것입니다. 이것이 무엇을 의미하는지 잘 생각해 보기 바랍니다. 인
공지능 로봇이 인간과 100% 교감할 수는 없지만 인간처럼 갈등을 겪
지 않을 수 있기에 외롭고 고독한 사람들에게는 충분히 함께할 이유가
되는 것입니다.

서로 존중하고 협력할 수 있는
교육이 절실하다

우리 사회는 여러 가지 이유로 소통의 어려움을 겪고 있습니다. 소외와 고독은 많은 사람이 겪고 있는 문제입니다. 이러한 인간의 문제를 인공지능 로봇이 해결하게 된 이유는 고독한 사람들에게 로봇은 모멸감이나 수치심을 주지 않고 언제나 친절하기 때문입니다. 이러한 모습은 진실해 보이기까지 하기 때문에 영화 〈그녀〉에서처럼 점차 의지하게 되고 애정을 쏟게 되는 것입니다.

인공지능의 역기능은 인간 고유의 영역이 침해받고 인공지능과 경쟁하게 되는 것입니다. 하지만 순기능은 이러한 경쟁 속에서 인간은 인공지능에게서도 무엇인가를 배우고 성장하게 될 수 있다는 점입니다. 그러기에 우리 아이들을 변화에 잘 적응하고 어느 상황에서도 유연하게 대처할 수 있는 사람으로 교육해야 하며, 인공지능과의 경쟁도 결국에는 불가피함을 받아들이고 인정할 수 있게 만들어야 합니다. 이런 교육을 통해 인간과 인공지능의 진정한 공존 시대가 열릴 것입니다. 인간 혼자서는 인공지능과의 경쟁에서 이길 수 없기에 4차 산업혁명 시대에는 서로 존중하고 협력할 수 있는 교육이 더욱 절실합니다.

인간의 역할은 크게 3가지입니다. 최적화된 인공지능과 로봇의 사용자, 인공지능과 로봇에게 작업 지시 등 목표를 부여하는 관리자, 이들의 개발자 등입니다.

지금도 4차 산업혁명은 진행되고 있습니다. 지금의 암기 위주의 평가 교육이 과연 혁명적으로 바뀔 세상에서 어떤 도움이 될까요? 지금까지 우리는 인간미 없는 교육을 받았고 이미 인공지능에게 많은 영역을 잃어가고 있습니다. 이미 선진국에서는 미래 세대가 인간답게 잘 살게 하기 위한 방향으로 교육을 개혁했고 계속 발전시키고 있습니다.

지금부터라도 부모들은 미래에 인간의 역할에 대해 생각해보고 아이들이 변화에 잘 적응하고 행복하게 살 수 있는 길이 무엇인지 찾아보고 준비해야 합니다. 그 과정이 부모에게는 힘겨운 시간일 수도 있지만 아이에게는 행복한 미래를 선물하는 것일 수도 있습니다. 하지만 안일하게 생각하고 수수방관한다면 부모도 생존 경쟁에서 밀려나고 아이에게도 고단한 미래를 물려주게 될 것입니다.

18

아이의 자존감 높여 주기

점심시간이 되면 속이 안 좋다고 하면서 식사를 거의 하지 못하는 학생이 있었습니다. 그런데 이상한 것은 그 학생은 밥을 먹지 못하는데도 식사 시간에 빠지지 않았고 다른 학생들이 식사하고 난 다음에 뒷정리도 자발적으로 도와주었습니다.

저는 그 학생과 마주앉아 식사를 하면서 친해졌습니다. 어느 날 그 학생이 이렇게 말했습니다.

"선생님, 저는 밥은 못 먹지만 친구들하고 함께하는 식사 시간이 너무 좋아요. 그래서 식사 시간에 빠지지 않는 거예요. 대화를 하면서 친구들하고 더 친해졌어요."

그 학생의 얘기를 귀 기울여 들어보니 초등학교 저학년 때부터 줄곧 학교에서 점심을 먹지 못했다고 합니다. 그 학생에게 학교는 밥을 편안하게 먹을 수조차 없는 불편한 공간이었습니다. 그 학생은 초등학교 때 아이들에게 왕따를 당했다고 털어놓았습니다.

"저는 덩치가 큰 편이라 아이들에게 맞지는 않았어요. 대신에 놀림을 당하고 소외되었지요."

그 말을 듣고 저는 너무 놀랐고 가슴이 아팠습니다. 그날 이후 저는 그 학생이 늘 불안해하고 전체 토론 시간에 주눅 들고 작은 목소리로 말하는 이유를 알게 되었습니다.

초등학생이 학교에서 비인간적인 일을 경험하고 계속 마음의 상처를 치유하지 못하고 점심조차 먹지 못하는 상태로 지냈다는 것은 끔직한 일입니다.

사람들에게는 저마다 상처받은 내면의 아이가 있습니다. 이것을 잘 달래 주어야 합니다. 부모와의 갈등, 어릴 적 상처, 좌절된 욕구와 이루지 못한 꿈 등 내면 아이가 속상해하는 원인은 여러 가지입니다. 울고 있는 내면 아이에게 진심으로 사과하고, 내면 아이를 달래 주는 일은 자존감을 높이는 데 꼭 필요한 과정입니다. 과거의 상처에 얽매여 있으면 아무것도 할 수 없는 아이가 됩니다.

아이의 자존감은 4차 산업혁명 시대에도 인생을 성공적으로 살아가는 데 가장 중요한 핵심 요소입니다. 올바른 자존감 형성은 아이의 미래를 위해서 부모가 해 주어야 할 중요한 과제입니다. 아이에게 항상 소중함을 느끼게 해 주어서 아이가 자기 가치감을 느끼고, 다른 사람의 사랑과 관심을 받을 만한 가치가 있는 사람이라는 생각을 갖도록 해야 합니다.

하버드대학교 교육대학원의 조세핀 킴 교수는 자기 가치감과 자신감을 구별하여 설명합니다. 자신감은 충만한데 자기 가치감이 낮을 수도 있고, 자기 가치감은 높은데 자신감이 부족할 수도 있기 때문입니다. 실제로 자존감이 높다는 것은 자기 가치감과 자신감이 균형 있게 발달해 있음을 의미합니다.

그렇다면 자존감이 높은 아이와 낮은 아이는 어떤 차이가 있을까요? 자존감이 높은 아이는 타인에 대한 공감 능력이 발달되어 있으며 자기에 대한 긍정적인 마음이 있어서 다른 사람의 실수나 잘못 역시 너그럽게 받아들이는 경향이 있습니다. 하지만 자존감이 낮은 아이는 자기에 대한 부정적인 마음이 커서 표정이 어둡고 남 탓을 잘하며 다른 사람의 실수나 잘못에 관대하지 못합니다. 또 자존감이 낮은 아이는 컴퓨터 게임처럼 생산적이지 못한 일에 몰입하고 바깥 활동을 귀찮아하는 반면, 자존감이 높은 아이는 컴퓨터 게임을 하더라도 스스로 절제할 줄 알며 친구들과 자주 어울리려고 하고 여러 가지 여가 활동을 합니다.

자존감은 여유 있는 사고방식을 유도하므로 자존감이 높은 사람은 살아가면서 부딪치는 문제에 유연하게 대처하고 일, 사랑, 우정, 가족 관계에서 균형을 유지할 가능성이 큽니다.

아이의 자존감은 부모의 양육 태도로 형성됩니다. 아이가 스스로 할 수 있도록 기다려 주는 부모 밑에서 자란 아이는 자존감이 높습니다. 어려운 일에 부딪쳤을 때 가급적이면 비판하거나 설득하려 하지 말고 일단 아이의 말에 공감해 주세요. 그런 다음 해결 방법을 모색하

도록 유도하는 것이 아이의 자존감에 손상을 주지 않으면서 문제도 해

결할 수 있는 현명한 방법입니다.

아이의 미래를 위해서 오늘 부모가 해야 할 일

부모가 행복해야 아이도 행복하다

학교에서도 선생님이 행복해야 아이들과 제대로 교감하며 아이들을 편안하고 즐겁게 교육시킬 수 있습니다. 이럴 때 아이들도 편안한 행복감을 느끼게 되면서 교육활동의 상호작용이 제대로 이루어집니다.

가정에서도 마찬가지입니다. 부모가 먼저 행복해야 좋은 정서와 분위기를 바탕으로 아이들이 편안하고 행복하게 일상을 누리게 됩니다. 그래서 부모부터 행복해지려고 노력해야 합니다. 그러기 위해서는 부모 자신이 언제 행복감을 느끼고, 무엇을 할 때 행복한지 알아야 합니다. 예를 들어 부모가 정기적으로 혼자 있는 시간을 통해 힐링을 하고 에너지를 얻게 되는 타입이라면 가족들에게 이런 자신의 성향을 이야기하고 동의를 구해서 정기적으로 자신만의 시간을 가지고 에너지와 활력을 얻는 것도 좋은 방법입니다. 직업이나 가사 일로 지쳐 있지만 그것을 해결하지 못한 모습으로 가족을 만나는 것보다는 자기 자신을 똑바로 알고 삶의 에너지를 재충전해서 가족들을 만날 때 가족이 서로 편안하고 행복감을 느낄 수 있습니다.

부모가 행복하게 삶을 가꾸어 나가는 모습을 보여줄 때 아이들도 그러한 인생을 살아갈 수 있습니다. 아이의 행복을 원한다면 부모부터 행복해져야 합니다.

19

아이가 성취감을
느끼게 하는 방법

아이들은 공부, 시험, 경쟁 위주의 교육 시스템에 억지로 적응하면서 자존감이 많이 낮아져 있습니다. 아이들은 학년이 올라갈수록 공부를 잘하든 못하든 극소수를 제외하고는 자존감이 매우 낮습니다.

저는 일반학교에서 1년 동안 대안교실을 운영하면서 아이들의 자존감 향상을 교육 목표로 삼고 교육과정을 운영한 적이 있습니다. 우선 아이들의 학습동기를 자극하기 위해 관심사를 조사했습니다. 아이들의 관심사는 크게 요리와 스포츠 두 가지로 분류되었습니다. 아이들은 성적이 하위권이어서 대체로 자존감이 매우 낮았고, 학교생활에 무기력하고 대인관계도 원만하지 않았습니다.

저는 먼저 요리 강사를 초청하여 음식을 만드는 활동을 했습니다. 그렇게 한 이유는 요리를 하면서 사회성을 발달시키기 위한 것이었습니다. 아이들은 요리를 하면서 각자가 만드는 음식에 대하여 자연스럽게 이야기를 하고 그 과정에서 나와 다른 사람의 관계, 그리고 역할 분담에 대한 사회성을 익히게 됩니다.

저는 아이들에게 정해진 시간 동안 요리를 한 가지씩 해야 한다는 지침을 주었습니다. 강사에게는 무조건 아이들을 칭찬해주라고 부탁했습니다. 아이들은 강사에게 칭찬을 듣자 즐겁게 음식을 만들었습니다. 그리고 스스로 만든 요리를 맛보면서 뿌듯한 성취감을 느꼈습니다.

저는 아이들에게 각자 만든 음식을 교장선생님과 교감선생님 그리고 담임선생님께 직접 가져가서 드리도록 했습니다. 선생님들께서 칭찬 등 긍정적인 피드백을 해 주시자 아이들은 더욱 즐거워했습니다. 특히 한 번도 들어가 본 적이 없는 교장실에 다녀온 아이들은 자신감도 가지게 되었습니다.

아이들은 학교 축제 때 직접 요리를 만들어서 친구들과 선생님께 판매를 했습니다. 그 결과 30만 원 가까이 소득을 올렸습니다. 그리고 학교 주변 동사무소와 경찰서 등에 방문하여 본인들이 직접 만든 음식으로 감사를 표현하기도 했습니다.

한번은 아이들이 깻잎 장아찌를 많이 만들어서 동사무소를 통해 어려운 이웃들에게 전달하는 봉사활동도 하였습니다. 이런 과정을 통해 아이들은 자연스럽게 자신의 역량으로 돈을 벌 수 있다는 것과 어려운 이웃을 도울 수 있다는 것, 그리고 그것이 행복한 일이라는 것을 알게 되었습니다.

저는 아이들이 좋아하는 요리 만들기와 스포츠 활동을 통해 동기 유발이 된 것을 지켜보고 2단계로 연극을 통해 아이들에게 자신을 표현해 보게 했습니다. 아이들은 평소 말과 내적 감정이 일치하는 의사소통을 하는 연습이 필요합니다. 속으로는 화가 들끓고 있는데 입으로는 "난 즐거워"라고 말하는 것은 자신과 다른 사람에게 감정을 속이는 행동입니다. 화가 나면 무엇 때문에 화가 났는지 솔직하게 말하고 잠깐만 가만히 내버려 달라고 양해를 구해야 합니다. 당당하게 내 감정을 표현하는 것은 변화를 위한 첫 걸음입니다. 아이들은 연극을 통해 자신을 표현했고 이를 계기로 자존감이 더 향상되었습니다.

저는 퇴임한 교수님을 모시고 일대일 인생 멘토링 활동도 실시하였습니다. 이 일대일 멘토링의 핵심은 교수님이 아이들의 이야기를 들어주는 것이었습니다. 때로는 말하는 것보다 들어주는 것이 더 어렵지만 그것이 아이들에게는 큰 도움이 되었습니다. 아이들은 교수님이 진심으로 자신의 말을 들어주기만 했을 뿐인데 자신의 문제점을 스스로 알게 되었고 그것을 고치려고 노력했습니다.

저는 아이들의 자존감이 조금씩 향상되는 것을 보고 시험에 대비해서 그룹식 국어, 영어, 수학 수업을 해 보았습니다. 아이들은 자존감과 자신감이 향상된 상태에서 지식교육을 받으니까 공부에 흥미를 가지고 참여했습니다. 그리고 성적도 전보다 조금씩 나아졌습니다. 워낙에 공부에는 관심이 없던 아이들이라서 성적이 눈에 띄게 향상되지는 않았지만 스스로 공부하는 즐거움을 알게 했다는 점에서 저는 스스로 목표를 이루었다고 생각했고 잘 따라 준 아이들에게 감사의 마음을 전했습니다. 저는 이 사례를 잘 정리해서 교육청에 보고했고 상을 받기도 했습니다.

이처럼 지속적인 성취 경험은 아이들의 자존감 향상에 매우 중요한 영향을 끼칩니다. 아이들은 목표했던 것을 자기 주도적으로 스스로 해냈을 때 자존감이 높아집니다. 아이들에게 성취감을 맛볼 수 있게 하려면 쉽고 간단한 과제부터 출발하는 것이 좋습니다. 처음부터 어려운 과제를 주어 좌절감을 먼저 경험하게 되면 아이는 주눅이 들어 새로운 것을 시도하지 않으려고 합니다. 쉬운 것을 성취하고 나서 자신감을 얻은 다음 차츰 난이도가 높은 과제를 수행하게 하면 아이가 스스로 할 수 있다는 자신감을 가지게 됩니다.

4장

교육이 희망이다

2o

인간 중심 교육을 하는
덴마크 에프터스콜레

저는 한국에서 열린 '한국-덴마크 교육 국제세미나'에 참석한 적이 있습니다. 이 세미나에서 덴마크 에프터스콜레 교육철학과 방법을 듣고 제가 지향하는 4차 산업혁명 시대의 교육의 방향성과 많은 부분에서 일치하고 있다는 것을 확인하였습니다.

교육의 핵심은 인간을 존중하고 인간을 행복하게 하는 것입니다. 아이들에게 어떤 교육이 필요한가에 대해서 조금이라도 관심을 갖고 생각해보면 쉽게 그 답을 찾을 수 있습니다. 그런데도 우리는 눈에 보이는 현상과 이해득실에 빠져서 가장 중요한 본질을 놓치고 있습니다. 안타까운 일입니다.

덴마크 에프터스콜레는 1851년 그룬투비 철학을 바탕으로 설립되었습니다. 직업훈련을 위한 학교가 아닌 삶의 깨달음을 주는 학교를 목표로 삼았습니다. 그룬트비는 학교가 아이들에게 자기 자신에 대한 이해와 삶에 대한 이해를 해 주기를 원했고, 기존 책이 차지하고 있던 자리를 살아있는 언어와 스토리텔링이 대체하기를 원했다고 합니다. 그래서 에프터스콜레는 그의 사상을 바탕으로 노래와 이야기 들려주기를 핵심 교육방법으로 삼고 살아있는 말을 매개로 주제를 삶으로 끌어오는 다양한 교육활동을 해 오고 있습니다.

이것은 제가 학교에서 하고 있는 입체 표현 수업과 비슷합니다. 예를 들어 역사를 공부한 다음에 각 인물의 관점에서 대본을 씁니다. 이것은 살아있는 말로 표현하는 과정입니다. 계속 인물을 집중 탐구하면서 그 사람이 가진 정서를 이해하고 공감하게 하는 것입니다.

에프터스콜레의 교육원리

에프터스콜레에는 모든 교과목은 일상생활에 기초하고, 일상생활에서 접해야 하고, 일상생활을 바탕으로 해야 한다는 교육원리가 있습니다. 그야말로 삶을 위한 교육을 철저히 합니다. 이곳에서는 아이뿐 아니라 교사도 기숙사 생활을 합니다. 교사는 수업에서뿐만 아니라 일상생활을 아이들과 함께하고 있습니다. 공동체 생활을 하면서 교사와 아이는 자연스럽게 공동의 문제에 대해 같이 생각하고 해결하는 방법을 찾아냅니다. 이 과정을 통해 아이들은 사회성이 길러집니다.

다음에 소개하는 글은 덴마크 에프터스콜레에 대해 민들레출판사 현병호 대표가 쓴 칼럼 내용의 일부입니다.

대부분의 에프터스콜레가 기숙학교로 운영되고 있어 생활교육을 기본으로 하며, 덴마크의 전통과 공동체성, 민주시민의식 기르기를 목표로 하고 있다. 자신이 어떤 인생을 살 것인가도 중요하지만, 이 사회에서 다른 사람과 어떻게 함께 살아갈 것인지도 중요하기 때문이다. 기숙사 한 방에 서너 명이 함께 지내게 하는 것도 이 때문이다. 아이들은 처음에는 서먹해 하다가 서로 관심사가 비슷해 금방 친해진다고 한다.

이 글을 읽으면서 교육자로서 상당히 공감했습니다. 자신이 어떤 인생을 살 것인가도 중요하지만, 이 사회에서 다른 사람과 어떻게 함께 살아갈 것인지도 중요합니다. 4차 산업혁명 시대에는 인간적인 삶이 더 중요해질 것입니다. 그리고 이것이 가장 핵심이 되는 부분이라고 할 수 있습니다.

저는 학교에서 가장 인간적이고 일상적인 의식주 생활문화교육이 강화되어야 한다고 생각합니다. 그것이 학교생활 전반에 녹아들도록 교육과정을 재구성하여 아이들이 중요한 개념들을 머리가 아닌 몸으로 익히도록 하는 것이 무엇보다 중요합니다. 그러나 아직도 우리나라의 대부분의 학교는 산업화 과정에서 대량생산체제의 효율성을 기반으로 갖추어진 시스템으로 운영되고 있습니다. 그러다보니 시대에 역행하는 비인간적인 요소들이 학교 안에서 많이 보입니다. 에프터스콜레처럼 아이들의 행복이 교육목표가 되려면 교육혁신 측면에서 가장 먼저 비인간적인 요소를 학교에서부터 개선해야 합니다.

속도가 아니라 방향이다

민들레출판사 현병호 대표가 쓴 칼럼에 이런 내용이 있습니다.

덴마크 아이들은 대개 기초과정을 마치고 고등학교 진학 전에 이 과정을 선택한다. 필요한 경우 대학 진학 전에 원하는 에프터스콜레를 선택해서 1년간 다녀보기도 한다. 삶의 중요한 길목에서 잠시 멈추어 서서 자신이 가고자 하는 길을 가늠해보는 시간을 가질 수 있도록 제도적으로 보장하고 있는 것이다.

우리나라 교육 시스템에서 아이들이 1년 동안 자신이 가고자 하는 길을 가늠해보는 시간을 갖는 것은 쉽지 않은 일입니다. 그러나 학교에 입학하자마자 대학 진학이라는 한 가지 목표를 정하고 공부에 매진하는 아이들에게 자기 인생을 어떻게 살지 여유를 갖고 스스로 선택할 수 있는 시간적 기회를 주는 것은 마땅히 할 일입니다. 삶의 중요한 길목에서 자기 인생의 방향을 가늠할 수 있는 시간을 갖는 것은 성장기에 있는 모든 아이들에게 꼭 필요한 일이기 때문입니다. 그렇지 않으면 인생의 방향을 정하지 못하고 정신없이 공부에만 매달려온 아이들은 어느 순간 자신이 길을 잘못 들어서서 힘든 처지에 놓인 것을 후회

하게 됩니다. 초조해하면 정확한 판단을 할 수 없습니다. 아이들이 여유를 가지고 자기가 가고 싶은 길을 찾을 수 있도록 시간을 주어야 합니다. 십대 때 그런 시간을 충분히 가져야 적어도 20대에 헤매거나 방황하는 일이 줄어들 것입니다.

과학과 의학의 발달로 인생 100세 시대는 더 이상 먼 미래의 이야기가 아닙니다. 그래서 더더욱 속도보다는 방향이 중요하고 자기 인생의 방향을 찾기 위한 1년 정도의 여유 시간은 아이들에게 자기 자신을 돌아보고 미래를 준비하는데 꼭 필요합니다.

아이들은 어떻게 공동선을 배우는가?

덴마크 에프터스콜레는 국어, 영어, 과학 같은 교과목 중심이 아닌 '용기', '도전', '사랑', '협력' 등과 같은 가치를 근간으로 교육과정을 구성합니다. 이런 가치에 중점을 두는 교육은 학교 안에서의 교육뿐만 아니라 일상과 유기적으로 연관되어 학교 밖 실제 생활에서도 그대로 효과가 나타납니다.

예를 들어 '공동선'이라는 가치에 대해서 수업을 할 때 사전적 의미를 교육하는 것이 아니라 아이들에게 그룹별로 아침 식사를 준비하게 합니다. 각각의 그룹은 다른 아이들이 아침 식사를 할 수 있도록 스스로 한 시간 일찍 일어나서 각자 할 일을 분담하고 음식 손질부터 조리, 분배까지 합니다. 이 과정에서 아이들은 다른 아이를 위해 일을 하며 자연스럽게 책임감과 보람을 느끼고 공동선의 가치를 스스로 알아갑니다. 이것이 일상의 교육입니다. 에프터스콜레에 자녀를 보낸 부모들은 이것이 눈에 띄는 효과 중 하나라고 말합니다. 이 교육과정을 마치고 집으로 돌아간 아이들은 가정에서도 저녁 식사 후에 설거지를 돕고 침대를 정돈하고 가족을 위한 공동선을 실천합니다. 그래서 부모는 자녀가 가족의 일원으로서 자신의 책임과 위치를 가치 있게 느끼는 것에 놀라며 자랑스러워합니다.

에프터스콜레는 미움 받던 오리가 아름다운 백조로 다시 태어나게 해주는 곳입니다. 한때 불안정하고 미움 받을 짓만 골라서 하던 아이가 에프터스콜레에서 1년 동안 생활하면서 성숙한 젊은이가 되어 세상을 향해 날아갈 준비를 하는 것입니다. 이것이 덴마크 에프터스콜레의 소중한 교육 성과입니다.

수량화된 시험 성적에 너무 많은 비중을 두는 한국의 교육 시스템에서는 아이들이 이런 경험을 하면서 삶의 교훈을 얻을 기회가 적습니다. 아이들이 좋은 성적을 내기 위해 밤늦도록 공부에만 매달리는 것도 나름 의미가 있겠지만, 때로는 마음의 여유를 갖고 공동선의 의미를 깨닫고 자신의 진로를 고민해보는 교육환경을 만들어 주는 것이 과연 무의미한 것일까요?

한 연구에 따르면 에프터스콜레에 다녔던 아이는 그렇지 않은 아이보다 고등교육에 잘 적응했다고 합니다. 에프터스콜레 교육과정을 마친 아이들은 학업 성적도 좋았고 중퇴율도 낮았습니다. 이것은 아이들이 좀 더 성숙해지고 올바른 선택을 내리는 데 필요한 자질을 갖춘 결과라고 볼 수 있습니다. 이로써 아이들에게 마음의 여유를 가지고 자신과 다른 사람들을 돌아보는 시간을 갖는 것이 중요한 교육과정임을 알 수 있습니다.

안타깝게도 우리의 교육 시스템은 교육의 본질에서 멀어지는 느낌입니다. 그 이유는 여러 가지가 있겠지만 아무리 인간 중심의 교육을 강조해도 부모들이 믿지 않기 때문입니다. 부모들 역시 이런 교육을 받아본 적이 없고 설령 그런 교육을 경험한 부모들이 있다고 해도 기존의 교육 시스템이 결코 바뀌지 않는다는 불신감이 팽배하기 때문입니다. 결국 이런 불신감이 바람직한 교육을 시도할 수 없는 악순환에 빠지게 합니다.

처음 해보는 일은 누구나 시행착오를 겪습니다. 생소한 것은 먼저 거부감이 들기 마련입니다. 하지만 너무나 익숙한 것만 고집하면 4차 산업혁명 시대에 우리 교육이 설 자리를 잃고 아이들도 인간 중심의 행복한 교육을 받을 수 없습니다. 아이들에게 지금처럼 지식 습득 교육에 치중하는 것이 과연 누구를 위한 일인지를 다시 한 번 생각해봐야 할 때입니다.

21

선진 교육을 흉내만
내어서는 안 된다

요즘 4차 산업혁명과 관련한 TV 다큐멘터리나 책을 보면 교육의 변화가 시급하다고 합니다. 세계경제포럼에서 제시한 미래 인재가 갖추어야 할 역량 중심으로 수업을 바꾸라고 하고, 선진국에서 시행하고 있는 플립러닝, 코딩교육, 하브루타교육, 5차원 감성교육, IB 교육과정 등의 교육프로그램의 효과성을 소개하면서 이렇게 하면 우리나라 교육도 바뀔 수 있다고 합니다.

저는 이런 식의 얘기가 조금 불편합니다. 선진국 교육프로그램의 실효성을 의심하거나 그것이 나쁘다고 얘기하려는 것이 아닙니다. 유대인 교육, 핀란드 교육, 프랑스 교육, 미국 교육 등에서 좋은 것이 있다면 배워야 하겠지만 그런 교육을 성공한 모델로 전제하다 보니 너무 긍정적으로 평가되는 경향이 있습니다. 외국의 성공 사례가 반드시 우리의 성공요인이 되는 것은 아닙니다.

제가 교육 일선에서 20여 년 아이들과 함께하면서 느낀 것은 선진 국의 좋은 교육프로그램을 도입하더라도 우리나라 교육현장에서는 제대로 구현되지 않을 뿐만 아니라 그것이 지속성을 갖지 못한다는 것 입니다. 그저 한때의 유행처럼 들끓었다가 어느 순간 사라지고 교육 은 언제나 제자리걸음이었습니다. 선진 교육을 흉내만 내어서는 우리 나라의 교육혁신을 이루어 낼 수 없습니다.

예를 들어 보겠습니다. 우리 몸이 아파서 장기를 이식받아야 할 경 우에 가장 먼저 고려해야 할 것은 그것이 내 몸과 체질에 맞는지 면밀 하게 살펴보는 것입니다. 그것이 내 몸에 적합하다고 판단되면 그 이 후에 장기를 이식합니다. 이식하고 나서도 내 몸과 하나가 되기까지 는 꽤 오랜 시간이 걸립니다. 항상 몸을 조심하고, 변화를 관찰하고, 그것이 진정 내 몸의 일부가 될 때까지 인내하고 이겨내야만 제 역할 을 할 수 있습니다. 이처럼 학교에서도 새로운 교육과정을 도입하고 적용할 때는 그것이 현재 우리 교육 생태계와 문화에 적합한지 면밀히 살펴보아야 합니다.

사설 학원들은 선진 교육프로그램을 그대로 들여와서 이대로만 교 육하면 남들보다 성적이 오르고 좋은 결과가 있을 것처럼 홍보합니 다. 이런 교육프로그램은 우리나라 교육 정서나 문화를 반영하지 못 하기 때문에 한때 유행하다가 사라집니다. 그런데도 사설 학원들이 계속해서 선진국 교육프로그램을 들여와서 홍보하는 이유는 인포멀^{비형식적}한 선진 교육과정을 포멀^{정형적}한 교육으로 만들어 수익을 창출하는 데 집중하기 때문입니다. 다시 한 번 강조하지만 교육의 본질에 충실할 수 있는 곳은 사설 학원이 아니라 결국 국가와 공교육 기관입니다. 아울러 4차 산업혁명의 과정에 있는 지금은 포멀한 것보다 인포멀한 것에 관심을 기울일 때라는 것을 말씀 드리고 싶습니다.

22

교육의 변화는
학습자 중심 수업으로부터

학습은 학교 교실에서만 이루어지는 것이 아닙니다. 스마트폰만 있으면 자신이 원하는 강의를 얼마든지 들을 수 있는 시대입니다. 관심만 있으면 방금 업데이트된 정보를 실시간으로 받아 학습할 수 있습니다. 이제는 엄청난 정보를 활용하여 어떻게 새로운 가치를 만들어 내야 하는지 궁리해야 하는 시대가 되었습니다.

특히 4차 산업혁명 시대에 필요한 핵심 역량을 기르기 위해서는 학습자가 중심이 된 교육으로의 전환이 시급합니다. 학습자 중심의 교육이란 정해진 커리큘럼 안에서 교사가 일방적으로 지식을 전달하는 것이 아니라 교사와 학생들이 공유한 지식을 가지고 학생들이 수업의 중심이 되어 새로운 가치를 만들어 내는 것입니다. 그래서 포멀한 것보다 인포멀한 것에 관심을 가질 필요가 있습니다.

인포멀러닝Informal Learning은 '비공식 학습' 또는 '비정형 학습'입니다. 쉽게 말하면 학습자가 본인에게 필요한 내용을 스스로 습득하거나 비공식적으로 학습하는 방식입니다. 이런 비공식 학습은 정식 및 비형식 학습과 다르게 구성됩니다. 학습자의 측면에서 보면 뚜렷한 목표가 없는데, 그것은 학습자의 관점에서 의도된 것이 아니기 때문입니다. 모든 학습자에게 이것은 경험적 언어 구축, 사회화, 문화 및 놀이를 포함합니다. 비공식 학습은 교사가 중심이 되어 지식 습득을 목표로 하는 전통적인 학습과 달리, 지식 창출을 통한 참여 또는 경험을 통해 학습하는 것입니다.

아무래도 기존의 틀에 박힌 교육으로는 학습 효과를 높이는데 많은 어려움이 있다 보니 인포멀러닝을 통해 심도 있고 체계적인 학습을 하려는 사람들을 자주 봅니다. 사실 교사가 주도하는 전통적 형태의 학습을 넘어 학습자가 주도적으로 참여하는 방식이라는 측면에서 새롭게 시도해 볼 만한 영역이 꽤나 많습니다.

70:20:10 모델이 우리 교육에 주는 시사점

어찌 보면 저는 지식 습득 교육 시스템에 나름 잘 적응한 사람입니다. 교과서를 달달 외우고 시험에서 좋은 성적을 받고 교사로 사회생활을 시작하였습니다. 그런데 아이들과 함께하면서 현 교육 시스템의 부작용을 깨달았습니다. 그러면서 교육이 바뀌어야 한다는 필요성을 느끼고 그 방향성을 고민하게 되었습니다. 학교에서 대안교실을 운영해 보았고, 대안교실연구회에서 같은 고민을 하는 선생님들과 다양한 교류도 했습니다. 교육 마인드만으로는 부족할 것 같아서 퇴근 후에는 대학원에서 MBA 과정을 마쳤습니다.

제가 경영대학원에 다닐 때 있었던 일입니다. 마케팅 수업 시간에 교수님이 제안한 아티클을 읽고 그 내용을 요약하는 과제가 있었습니다. 자신이 종사하고 있는 직업이나 직무와 관련하여 적용 가능한 것을 적어서 제출하는 것이었는데, 그 아티클은 70:20:10 모델에 관한 내용이었습니다. 그것의 요지는 회사 내에서 직장인들의 학습의 70%는 실제적 업무경험, 20%는 인포멀러닝, 10%는 포멀러닝을 통해 이루어진다는 것이었습니다. 이것을 쉽게 풀어서 얘기하면 실제로 교육은 정형화된 연수나 강의, 워크숍에서 학습하는 것보다는 오히려 그 밖의 관계나 업무, 휴식 시간에 사람들과의 교류 등에서 더 많이 배운다는 것입니다.

다음과 같은 연구결과들은 70:20:10 모델을 뒷받침해 주고 있습니다.

- 사람들은 자신이 아는 것의 70%를 그들의 일을 통해서 인포멀Informal하게 배운다. 1996년 미국노동통계청 자료
- 직장인들의 75%의 학습은 동료와 함께하는 비정형학습이고, 25%만이 정형학습Formal Training에 의해 이루어진다. Captital Works의 연구
- 네덜란드의 작업자들은 형식학습을 통해서 4%, 무형식학습을 통

해서 96%를 학습한다. ^{1994년 Van Thor의 연구}

- 비공식 학습이란 대중 매체를 중심으로 태도, 가치, 기술 및 지식
  을 습득하는 학습의 '평생 과정'이다. 직장에서 일할 때, 놀 때, 이
  웃 사람들과 이야기할 때와 같은 일상 경험에서 다양한 종류의
  상호작용을 하면서 배운다. 일반적으로 비공식 학습은 우발적인
  학습과 관련이 있는 것이 분명하다. ^{Conner의 연구}
- 비공식 학습은 위기 때뿐만 아니라 일상적인 활동과 일상적인 절
  차에서 자발적으로 그리고 지속적으로 발생한다. ^{7개 제조회사에서 진행된 EDC의 연구}

교육자였던 저는 그 당시 이 아티클을 읽고 아이들의 실제적 역량
은 정형화된 교육과정이 아닌 비정형화된 교육과정에서 더 효과적으
로 길러져야 하는데 우리는 너무나 정형화된 교육과정에만 집중하고
있다는 것을 깨달았습니다. 지식 전달 중심 교육으로는 단지 10% 전
후의 학습효과가 있을 뿐이라는 것을 상기할 필요가 있습니다. 이런
점에서 시험 성적을 잘 받기 위해서 학원이 주도하는 프로그램을 지나
치게 신뢰하고 아이들에게 책상 앞에 앉아서 공부만 하라고 닦달하는
것은 최선의 선택이 아닙니다.

우리나라 교사와 아이들의 자질이나 능력은 선진국과 비교해도 결
코 뒤떨어지지 않습니다. 그런데 기존의 학교 시스템에서는 아이들과
마찬가지로 교사 역시 자신의 역량을 제대로 발휘할 수 없습니다. 경
직된 학교 문화와 교육 시스템, 과도한 행정업무로 창의성과 자기 주

도성을 잃어가고 있는 동료 교사들의 모습을 보면 안타까움을 금할 수 없습니다. 그런 가운데서도 많은 교사들은 아이들에게 좀 더 나은 교육을 하겠다는 사명감으로 선진국의 교육 사례나 좋다고 소문난 학습 방법 등을 배우고 익히기 위해 연수에 참여하고 있습니다. 그리고 연수 후에는 그것을 교육 현장에 적용하려고 무던히 애를 쓰고 있습니다. 그러나 그것이 지속적으로 유지되지 못하기 때문에 아쉬울 따름입니다.

학교 문화와 교육 생태계가 조금씩이라도 바뀌고 뛰어난 역량을 가진 대한민국 교사들이 우리 체질에 맞는 교육과정을 만들어 낸다면 그것이 올바른 교육을 향하여 제대로 가는 길이고 빠른 길이 될 것입니다. 그 결과로 아이들이 학교나 일상에서 자연스럽게 몸으로 익힌 개념들을 행동으로 실천한다면 남을 배려할 줄 알고, 다른 사람을 존중하고, 이타심을 바탕으로 협력하고, 다른 사람의 반응에 공감할 줄 아는 사람이 될 것입니다. 그런 사람이 4차 산업혁명 시대에 꼭 필요한 인재입니다. 그리고 이것이 미래 교육의 핵심이기도 합니다.

아이의 미래를 위해서 오늘 부모가 해야 할 일

아이와 함께 집안일 하기

• 집안일을 하는 아이들은 공감 능력이 발달하고 다른 사람의 필요에 잘 반응한다. 하버드대학의 연구 논문
• 3~4세 때부터 집안일을 시작한 아이들은 집안일을 하지 않은 아이들보다 가족관계가 좋고, 공부를 잘하고, 독립적이다. 미네소타대학의 연구 논문

그런데 우리나라 부모들은 집안일이 교육효과가 높다는 인식을 하지 못하고 있습니다. 저 역시 "다른 아이들은 네다섯 시간만 자고 공부만 한다는데 내 아이에게 집안일을 시켜서 공부시간을 방해할 수 없다"고 말씀하시는 부모님 밑에서 자랐습니다. 솔직히 집안일을 돕는다고 해서 공부할 시간이 부족한 것은 아닙니다. 아이와 집안일을 함께하지 않고 오히려 아이를 집안일에서 열외시키면 가족을 위해서 봉사하는 것이 무엇인지 배울 수 없습니다. 집안일은 공동선을 배우고 가족이 서로 협력해서 잘사는 것이 무엇인지를 깨닫게 합니다. 가족관계를 중심으로 집안일을 도우면서 공동선의 개념이 생길 때 사회 속에서도 자연스럽게 공동선을 실천할 수 있습니다.

아이에게 집안일을 돕게 할 때 주의할 점은 일을 분배해서 시키는 개념이 아니라는 것을 인식하는 것입니다. 예를 들면 오늘 엄마가 너무 힘들다고 느끼게 해주면 아이가 엄마를 돕고자 하는 마음으로 스스로 집안일을 대신하는 식이 되어야 합니다. 이때 중요한 것은 아이가 한 일의 결과에 대하여 잘 했다, 못했다고 평가하면서 잔소리를 하면 안 되고, 고맙다고 표현해서 보람을 느끼게 해 주어야 한다는 것입니다. 아이는 엄마에게 "집안일을 도와줘서 고마워"라는 말을 들으면 자연스럽게 집안일을 계속해서 도우려고 할 것입니다.

또 한 가지 주의할 점은 집안일을 했다고 해서 돈을 주면 안 된다는 것입니다. 돈을 주면 아이가 자발적으로 한 일에서 정서적인 만족감을 얻을 수 없습니다.

23

교과목 공부보다
더 중요한 밥상머리 교육

학교에서 적은 비용으로 교육적 효과를 낼 수 있는 비정형화된 교육과정은 무엇이 있을까요?

저는 우선 산업화 시대에 자리 잡은 학교 급식 문화부터 바꾸기로 했습니다. 산업화 시대에 공장에서 일하던 노동자들은 길게 줄을 서서 기계적으로 음식을 배급받고 허겁지겁 빨리 먹고 휴식도 하지 못한 채 다시 일을 해야 했습니다. 학교 급식 문화도 이와 다르지 않습니다. 저는 학교 급식 문화가 바뀌면 학교 문화도 조금씩 바뀌고 아이들이 행복감을 느낄 수 있는 비정형화된 교육과정을 만들어 낼 수 있으리라 생각했습니다.

대부분의 학습은 시간표에 있는 교과목이 아니라 학교에서의 일상과 문화 속에 살아 숨 쉬는 사람들과의 관계에서 이루어집니다. 저는 점심시간에 식판이 아니라 가정에서처럼 밥그릇과 접시를 사용하고 아이들과 함께 식사를 했습니다.

사춘기 아이의 뇌 발달은 물론 정서적 안정까지 도와주는 옥시토신은 식사 중에 특히 많이 분비된다고 합니다. 단순히 음식을 씹어 삼키는 소화 과정에서 옥시토신이 분비되지만 특히 함께하는 사람들로부터 정서적 지지를 받거나 즐거운 대화를 나눌 때 많이 배출됩니다. 전문가들은 이런 이유로 혼자 밥을 먹는 것보다 함께 어울려 음식을 먹는 것이 뇌 발달에 훨씬 효과적이라고 말합니다. 저는 아이들과 함께 식사를 하면서 자연스럽게 대화를 나누었습니다. 아이들은 처음에 서먹서먹해 했지만 시간이 지나면서 스승과 제자의 관계가 가족처럼 친근해졌습니다.

식사를 하면서 아이들과 대화를 할 때는 요령이 필요합니다. 사춘기 아이들은 연예인 얘기를 많이 합니다. 아이들이 "누가 멋지다", "누가 수술했다", "누구는 재수없다"라고 말할 때 "너는 왜 생각이 부정적이야?", "너는 말버릇 좀 고쳐"라고 하면 아이들은 교사와 더 이상 말을 섞지 않으려고 합니다.

한번은 아이들이 식사 시간에 TV 드라마 〈태양의 후예〉 얘기를 꺼냈습니다. "송중기 너무 멋지다.", "누구는 연기를 너무 못하지 않니?" 이런 말을 하면서 즐겁게 식사를 했습니다. 저는 아이들의 말을 편하게 듣고 있다가 적절한 타이밍에 "저렇게 위험한 일을 하는 군인을 어떻게 생각해?"라든지 "너는 죽을 수도 있는데 전쟁터에 가서 봉사할 수 있을 것 같아?"라는 질문을 가볍게 했습니다. 드라마에 나오는 인물을 통해서 간접적으로 자신을 동일시해서 생각해 볼 수 있도록 유도한 것입니다. 이때 아이들의 말이 엉뚱하더라도 수용하고 웃어 주는 여유가 필요합니다. 적어도 "누구는 재수없더라", "걔는 가식적이야"라는 대화를 하면서 식사 시간을 보내는 것보다는 얻는 게 하나라도 있을 테니까요.

저는 아이들과 식사를 할 때 자연스럽게 예절을 배우도록 했습니다. 어른이 수저를 들기 전까지는 기다려야 하고, 밥상에 올라온 음식 중에 자기가 먹고 싶은 한두 가지 음식만 탐하지 못하게 했던 전통 식사 교육은 고리타분한 옛날이야기가 아니기 때문입니다. 이런 교육은 IQ보다 더 중요한 미래의 성공 능력인 자제심^{만족지연 능력}을 키우는데 도움이 됩니다. 또한 음식을 씹거나 젓가락을 내려놓을 때 소리를 내지 않는 것, 물을 마실 때 양치질하듯 입을 오물거리지 않는 것, 음식을 입 안에 넣고 있을 때는 말하지 않는 것, 젓가락으로 음식물을 뒤적거리지 않는 것 등은 단순히 식사 예절이어서 지켜야 하는 것이 아니라 함께 식사를 하면서 유대감 형성, 공동체성, 사회성, 교감 형성, 배려심, 타인에 대한 이해력을 키울 수 있기 때문에 더더욱 강조하는 것입니다.

아이들은 점심시간에 식판이 아니라 가정에서처럼 밥그릇과 접시를 사용하고 편하게 즐거운 대화를 나누는 것만으로도 많이 달라졌습니다. 아이들은 식사 시간이 단순히 영양을 섭취하는 것이 아니라 즐겁고 행복한 시간이란 인식을 갖게 되었고 식사 규범과 예절도 자연스럽게 배웠습니다.

　아이들은 매일 학교에서 점심 식사를 하기 때문에 학교에서 비용을 많이 들이지 않고도 얼마든지 교육적 효과를 높일 수 있습니다. 때문에 급식 문화를 바꾸면 비정형화된 교육이 자연스럽게 이루어지고 건강하고 행복한 학교 생태계가 만들어질 수 있습니다. 이렇게 되면 학교 체질이 바뀌고 그것에 적합한 교육활동을 얼마든지 만들 수 있습니다. 강요에 의한 교육활동이 아니라 아이들이 자발적으로 만들어 낸 것이기에 학교에 탄탄하게 뿌리를 내리고 오랜 기간 생명력을 가질 수 있습니다.

식사 시간의 교육적 효과 이해하기

아이들은 외모, 공부, 관계, 비전 등 때문에 스트레스를 받습니다. 스트레스를 받을 때 잘 대처하는 방법을 일상에서 배우도록 해야 합니다. 이 교육이 중요한 이유는 세상의 모든 규칙이나 규범은 기본적으로 인간에게 스트레스를 주기 때문입니다. 하지만 사람들이 잘 어울려 조화롭게 살기 위해서는 기꺼이 그 스트레스를 감당해내야 합니다.

부모라면 누구나 아이들에게 일상의 규범들을 가르칠 때 아이들이 저항하고 수용하지 않는 경험을 가지고 있을 것입니다. 그 순간에 부모가 아이를 나무라면 교육적 효과가 없습니다. 아이가 잘 받아들일 수 있도록 해야 합니다.

저는 식사 예절을 가르치기만 해도 해결책을 찾을 수 있다고 생각합니다. 식사 예절에는 인간이 지켜야 할 규범들이 있습니다. 이 규범을 억지로 지키는 것이 아니라 맛있는 음식을 먹으면서 자연스럽게 알아가기 때문에 아이가 거부반응을 보이지 않습니다. 또한 그동안 공부하면서 쌓인 스트레스를 즐거운 대화를 하면서 자연스럽게 풀고 스트레스에 잘 대처하는 훈련을 하게 됩니다. 이처럼 식사 예절은 아이에게 인지적 유연력이 생기게 하는 너무나 중요한 교육과정입니다.

식사 시간은 아이의 지능 발달에 도움이 됩니다. 식사를 하면서 나누는 대화는 어휘력이 좋아지게 하고 종합적인 사고력, 집중력을 높이는 데 도움이 됩니다. 사회 각 분야의 리더들의 공통점은 어린 시절부터 가족과 식사를 하면서 지속적으로 대화를 했다는 것입니다. 스타벅스의 CEO였던 짐 도널드는 "가족과 식사하는 시간은 중요한 결정을 하는 임원회의 못지않게 중요하다."고 말했습니다.

가족과 함께하는 식사 시간을 통하여 아이의 인성교육을 자연스럽게 할 수 있습니다. 아이는 어른이 수저를 들기 전에 음식에 손을 대지 않고 기다리면서 인내심을 배웁니다. 가족 간의 대화를 통해 나와 다른 생각을 받아들이고 이해하는 능력을 키웁니다. 그릇 하나에 담긴 음식들을 가족들과 나눠 먹으면서 배려와 절제를 깨우칩니다. 부모는 아이에게 식사 시간이 예절을 배우고 어떤 잘못도 이해받는 화해의 장이며 삶의 철학이 대물림되는 기회의 장이란 인식을 자연스럽게 심어 주어야 합니다.

24

창의 융합적 사고를
할 수 있는 교육

　우리나라의 학교 수업은 너무나 획일적입니다. 평가 기준도 일률적입니다. 아이들 중에는 호기심이 많고 모르는 것을 알고자 하는 욕구가 강한 아이가 있습니다. 그 아이가 수업 중에 이해가 안 돼서 질문을하면 다른 아이들도 이상하게 보고 교사는 진도를 나가야 하니까 쓸데없는 질문을 하지 말라고 합니다. 질문하는 아이 입장에서는 교사가일방적으로 전달하는 내용을 달달 외워야 하는 공부가 지겨울 것입니다.

　우리나라 교육은 아이들에게 지식을 전달하는 것으로 끝나는 교육이 아니라 그 지식을 활용해 창의적인 생각을 할 수 있는 교육으로 바꿔어야 합니다. 다행스러운 것은 일선 학교에서 교육개혁의 의지를가진 교사들이 생각하는 힘을 키우는 수업활동을 시도하고 있다는 것입니다. 또한 교육개혁을 시도하고 있는 몇몇 혁신학교나 대안학교에서도 이미 이런 교육을 시작했습니다. 혁신학교에서는 학생들이 주체가 된 교육활동이 많아서 그 과정에서 논리적인 언어로 말하게 됩니다. 또한 학생들끼리 회의를 하는 시간이 많아서 다양한 의견을 주고받으며 시야가 넓어지고 생각의 폭이 깊어지고 있습니다.

미래학자 다니엘 핑크Diniel Pink는 《새로운 미래가 온다》라는 책에서 미래 인재의 조건으로 6가지를 꼽았는데, 그것은 디자인, 이야기, 조화, 공감, 의미, 유희 등입니다.

하나씩 살펴보면, 디자인Design은 예술적 감성으로 다른 사람과 달리 해석해 차별화된 의미를 부여하는 능력입니다. 이야기Story는 사람의 마음을 움직이는 이야기를 다루는 능력입니다. 조화Symphony는 서로 다른 것을 융합해 재창조하는 능력입니다. 공감Empathy은 상대방의 입장에서 생각하는 것으로 이를 통해 남을 배려하면서 유대를 강화할 수 있습니다. 의미Meaning는 목적의식, 아름다운 가치, 정신적인 만족감 같은 의미를 자기 삶에 부여하는 능력입니다. 유희Play는 놀이, 웃음, 명랑한 마음, 유머 등인데, 진지하게 학습하는 태도도 중요하지만 즐기면서 놀 줄 아는 사람이 건강하고 풍부한 정서를 가지고 있습니다.

이런 능력은 기존의 지식 전달과 단순 암기 위주의 교육 방식으로는 절대로 길러질 수 없습니다. 지식 전달 중심의 교육은 4차 산업혁명 시대에 인공지능과 겨루어서 절대로 이길 수 없는 사람을 길러내는 것과 같습니다. 저는 특히 아이들이 놀이를 통해 창의적인 생각을 하는 시간을 많이 가졌으면 합니다. 즐겁게 잘 노는 아이들은 호기심이 있고 흥미와 재미를 느끼며 자신감이 있습니다. 놀이를 통해 재미를 느낀 아이는 답이 없는 문제에도 흥미를 갖게 마련입니다. 그것이 4차 산업혁명 시대를 사는 아이의 평생 자산이 될 것입니다.

우리나라 중·고등학교는 대학에 진학하기 위해 다니는 교육기관으로 전락한 지 오래되었습니다. 새롭게 변화하고 진보하는 과학 기술과 산업, 사회생활, 팀워크 등을 익히도록 신경 쓰고 배려해야 하는데 미래 교육의 방향성을 상실했습니다. 교육은 개인의 지적 능력을 개발하고 품성을 함양하는 일입니다. 동시에 사회에서 요구하는 역량을 길러주어야 합니다. 특히 4차 산업혁명 시대에 교육을 통하여 길러내야 하는 미래 인재는 한마디로 창의 융합적 인재라고 할 수 있습니다. 이런 인재는 다양한 지식에 기초해 새롭고 의미 있는 것을 만들어내는 힘을 가지고 있습니다. 창의 융합적 인재를 길러내기 위해서는 학교 교육이 달라져야 합니다. 학교 교육은 지식을 습득하는 교육에서 창의 융합적 사고를 하면서 지식을 활용하는 교육으로 나아가야 합니다.

25

인간미 있는
교육 본질에 충실하라

4차 산업혁명 시대에는 특히 인간과 인간, 기계와 인간이 잘 협력해야 합니다. 지금 산업구조에서는 인간이 기계가 하지 못하는 일들을 대부분 해왔습니다. 그런데 인공지능과 로봇이 사람이 하는 대부분의 일을 대체하게 되면 인간은 인간만이 할 수 있는 일을 하게 될 것입니다. 그때가 되면 우리 인류는 일에 대한 개념이 지금과는 완전히 달라지고 새로운 정체성을 가지고 인간다운 삶을 살게 될 것입니다. 그래서 본질적으로 인간이 추구하는 가치 속에서 서로 공감하고 협력하고 배려하고 돌보는 것을 배우고 익혀야 합니다. 따라서 교육 현장에서는 오롯이 인간 본연의 가치를 추구하는 교육을 해야 하고 그것을 반드시 실현해야만 합니다.

이러한 인간미 있는 교육 본질에 충실하려면 교육기관의 규모나 교육과정이 사설 학원 정도의 수준으로는 불가능합니다. 왜냐하면 교육과정에서 많은 단체와 협업을 해야 하고 전문가들이 상당한 시간을 투자하여 체계적인 교육을 해야만 가능하기 때문입니다. 이런 교육은 막대한 비용이 들지만 당장 눈으로 확인할 수 있는 결과로 나타나지 않기 때문에 국가가 주도할 수밖에 없습니다. 그러기에 기존의 인프라를 적극 활용하면서 한편으로는 공교육을 혁신하는 쪽으로 방향을 정해야 하는 것입니다. 이제 학교는 삶과 배움이 있는 공간, 질문과 토론이 있는 공간, 공감하는 능력을 길러주는 공간이 되어야 합니다.

이런 맥락에서 현 교육체제에 적응하지 못하는 아이들의 문제를 개인의 자질이나 인성의 문제로 돌려서는 안 됩니다. 그보다는 주입식 지식교육의 폐해로 인해 오히려 미래가 원하는 자질을 갖춘 아이들이 공부에 흥미를 잃고 상대적으로 소외감을 많이 느끼는 현실을 가슴 아파 해야 합니다.

또 다른 시각으로 봐야 하는 것은 이런 지식기반 교육체제에 잘 적응한 똑똑한 엘리트들이 지금까지는 사회에서 주요한 직업군에 종사했지만 4차 산업혁명 시대에는 인공지능이 그들이 하던 일을 대체한다는 것입니다. 그래서 더더욱 지적 능력보다는 이타심을 바탕으로 다른 사람과 잘 협력하고 배려할 줄 아는 인간미 있는 인재들을 양성하는 교육이 절실합니다. 그리고 그것이 교육의 목표가 되어야 합니다. 4차 산업혁명 시대에는 인공지능이 대체할 수 없는 역량을 갖춘 인재를 필요로 하기 때문입니다.

26

공동선을 추구하는 교육

저는 아이들과 프로젝트 수업을 할 때 공동선의 개념을 가장 중요하게 생각합니다. 그래서 좋은 결과물보다는 팀워크를 유지하며 목표를 완성해 가는 과정을 눈여겨봅니다. 아이들은 이 과정에서 팀워크의 중요성을 알고 좋은 팀원이 되려고 합리적인 사고를 합니다. 또한 프로젝트를 완성하기 위해 현실에서 필요한 것들이 무엇인지 경험을 통해 배우게 됩니다.

프로젝트 수업의 목적은 지식을 습득하는 것이 아닙니다. 경험을 통해 미래에 필요한 핵심 역량을 기르는 수업입니다. 예를 들어 기업에서는 인턴제도를 통해서 취업준비생들에게 자신이 입사하고 싶은 기업을 미리 체험하고 사회생활을 배우게 합니다. 이처럼 아이들에게도 최대한 여러 분야를 경험하게 해서 스스로 적성을 찾게 하고 사회성을 기를 수 있게 해야 합니다. 만약 프로젝트를 진행하면서 사회가 불합리하다는 것을 느꼈다면 그것을 어떻게 바꿀 수 있는지 고민하면서 서로 협력하고 공감하는 사회성을 배울 수 있습니다.

이런 수업 방식은 지금 당장 시험 성적을 올리는 데 도움이 되지 않을 수도 있고 학교에서 결과를 눈으로 금방 확인할 수는 없지만 아이가 대학에 진학하거나 사회인으로 첫발을 내딛을 때 그 효과가 나타날 것이 분명합니다.

제가 아이들과 진행하는 '급식 문화 바꾸기 프로젝트'를 예로 들어 보겠습니다. 이 프로젝트는 아이들이 회의를 통하여 스스로 정했습니다. 아이들은 먼저 사람들에게 다양한 의견을 듣기로 했습니다. 3명씩 한 조를 이루어 다른 학교에 찾아가서 인터뷰를 진행했습니다. 그리고 대학생과 일반인의 의견도 들었습니다. 사람들의 반응이 예상 외로 호의적이지 않아서 아이들은 점점 의욕을 잃었습니다. 그래서 이번에는 6명이 한 조가 되어 과제를 수행했습니다. 그랬더니 서로 위로하고 격려하면서 신나게 과제를 수행했습니다. 아이들은 이 과정에서 팀원들의 존재 자체만으로도 큰 힘이 된다는 것을 실제로 느끼게 되었습니다.

'급식 문화 바꾸기 프로젝트'에 대해서 사람들이 무관심한 반응을 보이자 아이들은 다시 회의를 하고 자신들이 즐겁게 점심 식사를 하는 모습을 동영상에 담아서 홍보하기로 했습니다. 그러나 동영상은 쉽게 제작되지 않았습니다. 스트레스를 받는 아이들이 하나둘 늘어나기 시작했습니다. 결국에는 서로의 탓을 하며 잘잘못을 따지게 되었습니다. 회의를 거듭할수록 서로 비판하기에 바빴습니다. 급기야 열심히 맡은 일을 한 아이들이 교사인 저에게 잘잘못을 가려서 문제를 해결해 달라고 했습니다.

아이들이 현장에서 풍부한 경험을 할 수 있는 기회를 주려면 교사의 역할이 매우 중요합니다. 교사는 조바심이 나서 간섭하고 싶을 때가 있지만 아이들이 스스로 문제를 해결할 때까지 신뢰하고 격려해 주면서 기다려야 합니다.

저는 "처음에는 좋은 팀워크를 유지했는데 지금은 왜 팀워크가 나빠졌을까요? 어떻게 해야 좋은 팀이 될 수 있을까요?"라고 질문을 했을 뿐 일절 개입하지 않았습니다. 저도 이런 말이 아이들의 마음에 와 닿지 않는다는 것을 잘 알고 있었습니다. 팀원들끼리 원망과 미움이 가득한 상태에서는 합리적인 사고를 할 수 없습니다. 이것은 경쟁에 익숙한 교육을 받은 아이들의 서글픈 모습이기도 합니다. 어떤 팀이든 모두 똑똑하고 협력을 잘하고 문제 해결력이 높은 사람만 있는 것은 아닙니다. 똑똑하지만 협업을 못하는 사람이 있고, 창의성은 뛰어나지만 실행력이 부족한 사람이 있습니다. 열정을 가지고 열심히 하는 사람이 있는가 하면 게으르고 심지어 프로젝트에 무관심한 사람도 있게 마련입니다. 이럴 때 '나는 열심히 하는데 너는 왜 그렇지 못하냐'고 따져봤자 감정만 상할 뿐 개선되는 것은 아무것도 없습니다. 이런 상황은 팀워크가 무엇인지 제대로 알지 못하면 계속 생기는 문제입니다. 교사는 아이들이 서로 협력하고 성과가 작을지라도 즐거운 분위기에서 소통하며 일을 하는 것이 소중하다는 것을 알 때까지 길잡이 역할을 해야 합니다. 아이들이 당장은 공동선의 개념을 이해하지 못하더라도 교사는 멀리 보고 일을 함께 하다보면 좋은 결과도 만들어진다는 것을 삶에서 가르쳐야 합니다. 경쟁에만 익숙한 아이들이 공동선의 개념을 이해하고 그렇게 살기까지는 많은 시간이 걸릴 수밖에 없습니다. 저 역시 이 프로젝트를 진행하면서 3개월 동안 힘이 들고 지치기도 했지만 아이들이 조금씩 달라지는 것을 보고 보람을 느꼈습니다.

'급식 문화 바꾸기 프로젝트'가 끝날 때쯤 아이들은 각자의 개성을 서로 인정하고 격려하고 칭찬해 주었습니다. 책임감을 가지고 열심히 한 친구에게는 "너 때문에 우리 팀이 산다"라고 칭찬해 주고, 능력이 부족한 친구에게는 "너는 할 수 있어"라고 격려해 주었습니다. 아이들은 좋은 결과를 얻기 위해서는 똑똑하고 능력이 있는 한두 명보다는 각자가 공동선을 이해하고 참여하는 팀워크가 더 중요하다는 것을 경험을 통해 배웠습니다.

아이들에게 공동선이라는 개념을 삶에서 이해시키기 위해서는 사회 전반에서 너무나 많은 노력이 필요하고 이런 프로젝트를 통한 경험적 교육이 절실합니다.

자신의 생각을 관철하고 싶어 하는 아이에게는 번뜩이는 아이디어나 좋은 성과를 위한 문제 제기만 하면 본인의 역할을 다한 것이 아니라는 점을 일깨워 주어야 합니다. 자신의 생각을 현실에서 실행시키려면 팀원에게 어떻게 공감을 이끌어 낼 것인지, 공감을 이끌어 냈다면 어떻게 일을 잘 마무리할 것인지 여러 대안이 필요하다는 것을 가르쳐야 합니다. 그것이 리더십 교육입니다. 리더에게는 책임이 따른다는 것을 알게 해야 합니다. 자신의 생각을 관철시키고 싶다면 주장만 하는 것이 아니라 책임을 지고 공감해 나가는 것을 배울 수 있도록 해야 합니다.

똑똑하다고 해서 좋은 리더가 되는 것은 아닙니다. 책임감과 공감 능력이 뛰어난 사람이 좋은 리더가 될 수 있습니다. 이것을 아이들이 경험을 통해 배우게 하고 그런 점에서 누구나 리더가 될 수 있다고 격려해 주어야 합니다.

아이들은 프로젝트 수업을 통해서 좋은 리더가 되려면 좋은 아이디어를 제안하고 일이 원만하게 처리되도록 섬기고 지원하고 팀원의 마음을 얻는 방법을 배워 나갑니다.

부모들도 좋은 아이디어만 가지고 있는 것이 창의력이 아니라는 것을 이해해야 합니다. 내가 하고자 하는 일을 어떻게 해낼 것인지 생각하고 계획하는 것도 창의력입니다. 그것을 이해하는 부모는 일상에서 아이들에게 창의력을 길러주는 교육을 할 수 있습니다. 이러한 교육을 통해서 결국 행복하게 일을 하려면 공동선이 필요하다는 것을 정서적으로 배울 수 있습니다.

5장

부모가 반드시 알아야 할
미래 인재의 핵심 역량

27

4차 산업혁명 시대에 필요한 핵심 역량

4차 산업혁명이라는 용어는 2012년에 독일의 제조업 혁신 정책인 'Industry 4.0'에서 상징적인 의미로 처음 거론되었습니다. 그러다가 2016년 1월 스위스 다보스에서 열린 세계경제포럼^{WEF}에서 이 포럼의 회장인 클라우스 슈밥^{Klaus Schwab}이 '4차 산업혁명 시대로 들어섰다'고 말하면서 전 세계적으로 주목을 받기 시작했습니다. 클라우스 슈밥 회장은 이렇게 강조했습니다.

"기술 혁명으로 인한 급격한 사회·경제적 변화로 직업에 대한 개념이 근본적으로 달라질 것이다. 각국은 대량 실업 등 최악의 시나리오를 피하려면 로봇이 대체할 수 있는 단순 기술을 가르치기보다 창조력과 고도의 문제 해결 능력을 기르는 교육·훈련에 집중해야 한다."

세계경제포럼은 '일자리의 미래보고서'를 통해 4차 산업혁명 시대에 인재가 갖추어야 할 10가지 역량을 소개했습니다. 그 열 가지 능력은 복합문제 해결 능력, 비판적 사고 능력, 창의력, 인적자원 관리 능력, 협업 능력, 감성 능력, 판단 및 의사결정 능력, 서비스 지향성, 협상 능력, 인지적 유연력 등입니다.

4차 산업혁명과 3차 산업혁명 인재 역량 비교

2020년		2015년
복합문제 해결 능력	1	복합문제 해결 능력
비판적 사고 능력	2	협업 능력
창의력	3	인적자원 관리 능력
인적자원 관리 능력	4	비판적 사고 능력
협업 능력	5	협상 능력
감성 능력 NEW	6	품질관리 능력
판단 및 의사결정 능력	7	서비스 지향성
서비스 지향성	8	판단 및 의사결정 능력
협상 능력	9	적극적 경청 능력
인지적 유연력 NEW	10	창의력

28

복합문제 해결 능력

우리나라 교육 시스템은 답이 정해진 문제를 제시하고 정답을 잘 찾아내는 사람을 인정하는 분위기입니다. 이것은 4차 산업혁명 시대에 필요한 복합적인 문제를 해결하는 능력을 키우는 것과 상반되는 교육을 하는 것입니다.

미국 노동부의 직업정보네트워크 콘텐츠 모델에 따르면, 복합문제 해결 능력Complex Problem Solving은 현실적으로 복잡한 상황에서 발생할 수 있는 새롭고 불분명한 문제를 해결하는 능력이라고 정의하고 있습니다. 이 능력은 3차 산업혁명 시대와 4차 산업혁명 시대에 인재들에게 가장 필요한 역량으로 선정되었습니다. 그 이유는 앞으로 우리에게 주어질 문제들은 모두 새롭고 불분명한 문제들이기 때문입니다. 이 능력은 이미 정해진 답이 있는 문제를 암기하여 짧은 시간에 많이 맞히는 것이 아닙니다. 정답이 없는 문제를 다양한 시각과 시도로 풀면서 가장 적당한 해답을 찾아나가는 능력입니다.

4차 산업혁명 시대에 모든 학습자들은 복합적인 문제를 해결하는 사람이 되어야 합니다. 주어진 문제를 회피하지 않고 그것을 해결하기 위해 다양한 방법을 모색하면서 답을 찾아가는 과정을 즐겨야 합니다. 그래서 학교에서는 단순 암기식의 교육이 아니라 오픈형 학습을 해야 하는 것입니다.

저는 아이들과 프로젝트 수업을 많이 하는 편입니다. 이것은 무에서 유를 창조하는 형식이 없는 교육방법입니다. 그래서 이 수업을 처음 지켜보는 사람들은 '이게 뭐하는 거지?'라는 의문이 든다고 합니다. 새롭고 불분명한 문제들이 쏟아져 나오는 4차 산업혁명 시대에 복합문제 해결 능력을 키우기 위해서는 프로젝트 수업이 매우 효과적입니다. 대부분의 문제는 개인이 혼자 해결할 수 있는 문제라기보다는 여러 분야의 사람들이 다양한 시각으로 접근해 함께 풀어야 하는 복합적 문제이기 때문입니다.

아이들은 정해진 것이 하나도 없는 상태에서 회의를 통해 프로젝트를 정하고 기획에서 실행, 결과 도출까지 모든 과정을 함께합니다. 복합문제를 해결하려면 혼자 힘으로는 안 됩니다. 팀원 간에 스스럼없이 의견을 묻고 자연스럽게 이야기할 수 있어야 합니다. 서로 충분한 대화를 하면서 교육이 이루어지고 토론 공부가 되면 시각을 넓힐 수 있습니다.

가정에서도 이런 교육을 얼마든지 할 수 있습니다. 대화와 토론의 시작은 듣는 것입니다. 부모가 고개를 끄덕이면서 아이의 말을 듣기만 해도 효과가 있습니다. 부모가 자기 이야기를 들어주는 것만으로도 아이는 자신이 사랑받고 있다고 느낍니다. 부모가 아이의 말을 끝까지 들어주고 의견을 존중하는 모습을 보이면 아이도 금세 토론의 규칙을 알게 됩니다.

그러나 프로젝트 수업이 항상 좋은 분위기로 이루어지는 것은 아닙니다. 때로는 자격을 갖추진 못한 아이가 리더가 되어서 토론의 주체가 되면 문제가 일어나기 시작합니다. 그 분야에 관심이 많고 재능이 있는 아이가 리더가 되는 것이 아니라 공부를 잘 하거나 집안 배경이 좋거나 힘이 있다는 이유로 리더가 된 아이는 강압적으로 명령을 하기 시작합니다. 그 순간부터 아이들은 평등한 관계가 아니라 수직적인 관계로 프로젝트를 수행합니다. 명령을 받는 아이들은 겉으로 내색은 하지 않지만 강한 거부감을 가지고 있습니다. 그래서 리더가 내어 준 불편한 수행 과제들을 대충 욕먹지 않을 만큼만 합니다. 이런 상황이 되면 자격을 갖추지 못한 상태에서 리더가 된 아이는 자신의 계획대로 일이 진행되지 않으니까 아이들을 닦달하거나 비난합니다. 비난을 받은 아이들은 더 이상 자격 미달인 리더와 프로젝트를 함께 수행하지 않겠다고 합니다. 결국 프로젝트는 팀원들끼리 서로 비난하며 아무런 결과도 없이 끝나게 됩니다.

제가 이렇게 불편한 얘기를 굳이 늘어놓는 이유는 아이들이 학교든 사회에서든 리더가 되었을 때 어떻게 해야 하는지를 바르게 인식할 필요가 있기 때문입니다. 리더가 자기 생각대로 따라오지 않는 사람을 루저라고 비난하며 자신만 잘났다고 떠들어댄다면 의미있는 가치를 추구하는 일을 할 수 있을까요? 프로젝트는 공동의 과제입니다. 리더는 그 과제를 잘 해결할 수 있도록 팀워크를 좋게 만드는 역할을 해야 합니다. 복합문제 해결 능력은 업무에 관계된 것만 해결하는 것이 아닙니다. 현재 일어나고 있고 앞으로 일어날 수 있는 어떠한 문제도 해결할 수 있는 능력을 말합니다.

프로젝트 수업을 하다보면 초보 리더가 스스로 비효율성을 느끼고 인정하는 데 3개월이 넘는 시간이 걸리기도 합니다. 이런 수업을 통하여 아이들은 리더의 역할과 목표를 달성하기 위해서는 팀원들과 공감하고 서로 존중해야 한다는 것을 배웁니다. 이런 배움을 통하여 아이들은 복합적인 문제를 협력하여 해결해 나가는 방법을 터득합니다.

리더십을 제대로 이해하기

로널드 하이페츠Ronald Heifetz는 정신과 의사이자 첼리스트입니다. 하버드 케네디스쿨에서 강의도 하고 있습니다. 그는 리더십에 대해서 이렇게 말했습니다. "리더십을 발휘한다는 것은 고통스럽다. 기대와 분노가 가득한 군중 속에서 마이크를 들고 발가벗고 서 있는 것과 같다. 구조적으로 성공 확률이 매우 낮은 게임이다. 따라서 이겨도 담담하게, 져도 담대하게 버텨야 한다."

우리가 흔히 쓰는 '리더leader'의 어원은 인도유럽어의 'leit'인데, '전쟁터에서 깃발을 들고 맨 앞에 서서 적을 공격하는 사람, 적에게 가장 먼저 공격을 당해서 사망할 위험이 큰 사람'을 묘사하는 단어라고 합니다. 이런 관점에서 보면 리더는 똑똑한 사람이 아니라 조직의 속성인 저항과 축적된 관성을 이겨내기 위한 자기 절제와 희생, 책임감과 끈기를 가진 사람입니다. 리더는 이런 자질과 능력으로 구성원들을 독려하고 함께 공동의 목표를 달성해 나가야 합니다. 이러한 리더십의 개념을 가정과 학교에서 바로 세워주어야 합니다.

부모들 중에는 아이의 과제를 대신 해주는 분들이 있습니다. 아이들이 성장해서 회사에 다닐 때도 업무가 많다고 하면 대신 해주실 건가요? 자기 일은 스스로 할 수 있도록 격려해 주는 것이 더 낫습니다. 그것이 리더십 교육입니다.

아이가 게임에만 몰두하는 것은 문제이지만 적당히 게임을 하는 것은 허용해 주는 것이 좋습니다. 부모가 아이와 함께 게임을 하는 것도 좋은 방법입니다. 아이는 게임을 하면서 이길 때도 있고 질 때도 있다는 것을 알고, 이길 때는 자신감을 얻지만 질 때는 아쉬움이 남는다는 것을 알아 갑니다. 그러면서 무엇이든 즐겁게 하는 것이 중요하다는 것도 배웁니다. 이런 훈련이 되면 이겨도 담대해지고 져도 담대하게 받아들이는 리더의 자질이 생길 것입니다.

29

비판적 사고 능력

세계 명문대학에서는 수업을 하건 시험을 보건 자신의 생각을 논리적으로 표현하고, 그 내용도 독창적이고 비판적이어야 인정을 받는다고 합니다. 그러나 우리는 자기 생각은 거의 없고 정형화된 지식을 나열하기에 급급합니다. 비판적 사고는 부정적 사고를 말하는 것이 아닙니다. 문제를 규명하고 상황을 분석하고 평가하여 자기 나름의 생각으로 표현하는 것입니다.

미국 노동부의 직업정보네트워크 콘텐츠 모델에 따르면, 비판적 사고 능력Critical Thinking은 논리와 추론을 이용해 주어진 문제에 대한 다양한 해결 방안이나 문제 접근 방식의 장단점을 비교 분석할 수 있는 능력을 말합니다. 4차 산업혁명 시대에 우리가 해결해야 하는 문제는 대부분 기존에 존재하지 않았던 전혀 새로운 문제이기 때문에 이 문제

148

를 해결하는 방안이나 접근 방식이 달라야 합니다.

학교에서 프로젝트 수업을 하다보면 어느 순간 아이들은 각자의 삶이 결국 사회와 연결되어 있고, 그 속에서 사회의 불합리성을 발견하게 됩니다. 그 과정에서 아이들은 자연스럽게 주어진 문제를 해결하기 위해 다양한 방안이나 문제 접근 방식의 장단점을 비교 분석할 수 있는 비판적 사고 능력이 함양됩니다. 또한 비판적 사고 능력을 바탕으로 그 불합리성을 어떻게 바꿀 것인지 고민하면서 서로 협력하고 공감하는 사회성을 배우게 됩니다.

그런데 아이들은 지금 자신이 처한 현실에서부터 이러한 사고를 해야 되는데 그렇지 못합니다. 프로젝트 수업을 하면서 비판적 사고를 하고 그것을 발표하지만 일상생활에서는 타성에 젖은 생활에서 벗어나지 못합니다. 지식교육의 한계가 바로 이런 것입니다.

아이들이 발표하는 내용을 들어보면 비판적 사고가 풍부합니다. 하지만 아이들의 실천 능력은 현저히 떨어집니다. 아이들은 자신이 알고 있는 것들을 생활 속에서 잘 실천하고 있다고 생각하지만 그것이 착각인 경우가 많습니다. 알고 있는 것을 실천하려면 반복적인 훈련이 필요합니다. 어떤 문제의 해결책을 제시했더라도 그것을 행동으로 실천할 때에는 노력이라는 대가가 따라야 합니다. 비판적 사고 능력은 아이디어만 제시하는 것이 아니라 실천 가능한 대안이어야 합니다.

30

창의력

진정한 교육이란 기계적으로 정답을 찾아내는 것을 가르치고 배우는 것이 아닙니다. 무슨 일이든지 '왜?'라는 의문을 품고 지적 호기심으로 문제를 제기하는 것입니다. 의문을 품지 않는 사람은 새로운 발견을 할 수 없습니다. 고정관념에 빠져서 학습을 하면 지금처럼 창의성이 중시되는 사회에서 도태될 수밖에 없습니다.

사람들은 4차 산업혁명의 시대의 핵심 키워드는 융합과 연결이라고 말합니다. 여기에 기본은 창의력입니다. 창의력Creativity은 일정 주제나 상황이 주어졌을 때 참신한 아이디어를 도출해 내거나 문제를 해결하는 과정에서 창의적인 방법을 제안하는 능력을 말합니다. 세계경제포럼이 제시한 4차 산업혁명 시대에 인재가 갖추어야 할 3대 핵심 역량은 복합문제 해결 능력, 비판적 사고 능력, 창의력인데 이것들은 모두 새로움에 대한 역량으로 귀결됩니다. 따라서 비판적 사고 과정을 통해 창의적인 해결 방안을 모색하여 복합문제를 해결해 나갈 수 있는 사람이 미래가 원하는 인재입니다.

창의력이 뛰어난 아이는 개성이 너무 강한 아이로 보이기도 합니다. 학교에서는 개성이 너무 강한 아이를 열외시키고 관리 대상으로 여깁니다. 창의성은 앞으로 미래를 살아가는데 너무나 중요한 요소이지만 프로젝트 수업이나 입체 표현 수업을 하다보면 개성이 너무 강한 아이들이 아이디어를 내면 공감을 이끌어내지 못하는 경우가 많습니다. 아이들 각자의 개성을 존중해 주어야 창의력이 향상되는데 우리는 개성을 키워 주지도 못하고 존중해 주지도 않습니다.

개성이 강한 아이들은 자신이 표현하는 것을 아이들이 이해하지 못하는 것조차 파악하지 못합니다. 이런 경우에 아이는 개성이 강한 사람이 아니라 학교에서 자신의 표현을 인정받지 못하는 사람이 됩니다.

저는 창의력이 뛰어난 아이에게는 공감 능력을 향상시키기 위하여 입체 표현 수업을 할 때 토론을 반복적으로 합니다. 예를 들어 조선 건국에 관한 수업을 하면서 한 달 동안 토론을 한 적도 있습니다. 이성계와 정도전, 이성계와 이방원, 정도전과 이방원, 고려 말 충신과 조선 건국의 공신 등에 대해서 관점을 달리하여 많은 시간을 토론했습니다. 이렇게 충분한 시간을 갖고 여러 시각과 관점으로 토론을 하면 아이들은 서로 공감대가 형성됩니다. 충분히 공감을 한 후에 자신의 생각을 담아 표현하는 과제를 내주면 개성이 너무 강해서 의도를 파악할 수 없었던 아이도 다른 사람의 공감을 이끌어내는 자신만의 개성을 표현하게 됩니다.

공감은 튀지 않고 모나지 않아야 얻을 수 있는 것이 아닙니다. 다른 사람의 생각을 충분히 듣고 같은 관점에서 생각해보는 유연성이 있을 때 공감을 얻을 수 있습니다.

창의력은 스스로 충분히 향상시킬 수 있습니다. 하지만 자신의 창의적인 생각을 사람들에게 인정받고 실현하려면 공감 능력은 필수 조건입니다. 창의력이 미래의 핵심 역량이라고 해서 창의력을 향상시키려고 제도권에서 벗어난 교육을 하는 경우가 더러 있는데 바람직하지 않다고 생각합니다. 공감을 이끌어내지 못하는 창의적인 아이디어는 가치를 인정받지 못할 수도 있습니다. 진정한 창의력은 사람들의 공감을 얻어내야 빛이 납니다.

31

인적자원 관리 능력

인적자원 관리 능력People Management은 특정 업무에 가장 잘 맞는 사람을 선별하여 동기부여와 체계적이고 효율적인 교육을 통해 최대의 업무성과를 거둘 수 있도록 관리하는 능력입니다.

4차 산업혁명 시대에는 개인의 성취에만 집중하는 독불장군형 인재보다 주변 사람과 함께 어우러져 공동의 가치를 최대화할 수 있는 융합형 인재가 요구되고 있습니다.

저는 프로젝트 수업을 할 때 일방적으로 아이들에게 역할을 분담해주지 않고 아이들이 필요에 따라 스스로 역할을 분담하게 합니다. 예를 들어 동영상을 제작하는 프로젝트 수업을 할 때는 아이들이 자체적으로 회의를 하고 역할 분담을 합니다. 활발한 성격의 A는 인터뷰 섭외와 질문하는 역할을 맡습니다. 영상편집 기술이 있는 B는 촬영을 마친 동영상을 최종 편집합니다. 생각이 깊고 글쓰기에 소질이 있는 C는 영상 안에 넣을 자막과 내용을 정리합니다. 이렇게 아이들은 공동의 가치를 최대한 잘 만들어 낼 수 있도록 각자의 역할을 분담합니다. 이 것은 그동안 친구들의 성향이나 능력을 잘 파악하고 서로 공감하였기 때문에 가능한 일입니다. 필요한 인력을 적합한 곳에 투입한다고 해서 일이 저절로 되는 것은 아닙니다. 서로 충분히 공감하고 신뢰가 쌓였을 때 팀원들은 각자의 역할에 최선을 다합니다.

복합문제 해결 능력, 비판적 사고 능력, 창의력을 기반으로 공동선의 개념 속에서 팀원 간에 공감과 신뢰가 전제되어야 인적자원 관리 능력이 드러날 수 있습니다. 능력보다는 공감과 신뢰가 먼저 쌓여야 한다는 점을 간과해서는 안 됩니다.

32

협업 능력

협업 능력Coordinating with Others은 상대방의 행동에 따라 자신의 행동을 조절하는 능력입니다. 4차 산업혁명 시대에는 다양한 분야의 인재들이 모여서 새로운 문제를 해결해 나가야 합니다. 이 과정에서 각자가 지속적으로 동기부여를 하며 창의적인 방안을 도출해 낼 수 있도록 유도하는 능력은 매우 중요합니다. 미래 사회에서는 이 협업 능력이 더욱더 필요하게 될 것입니다.

기존의 1차에서 3차에 걸친 산업혁명을 통하여 인간의 노동은 많은 부분에서 기계로 대체되었습니다. 그래서 산업화 이후 지금까지의 교육은 기계가 할 수 없는 정신노동을 잘 수행할 수 있는 인재를 길러내기 위한 지식기반 학습에 중점을 두었습니다. 그러나 4차 산업혁명 시대에는 인공지능을 탑재한 기계가 인간의 정신적인 영역의 일까지 완벽하게 할 수 있게 됨으로써 인간의 역할이 바뀔 것입니다. 기계가 인간을 돕고 인간도 그 기계를 돌봐야 하는 공존의 시대가 열리고 있습니다. 이런 상황이다 보니 기업들은 상호보완적이고 협업을 잘 하는 인재를 원하고 있습니다.

예를 들어보겠습니다. 예전에는 청소기를 만들 때 디자인과 모터 성능에 주로 신경을 썼지만 지금은 로봇청소기가 개발되어 각 가정이나 회사에서 사용하고 있습니다. 이 인공지능 로봇청소기는 주위 환경을 인식할 수 있는 센서를 내장한 카메라가 있어서 실내의 형태나 문, 가구의 위치까지 파악합니다. 한번 청소한 곳에는 다시 가지 않고 구석구석 말끔하게 청소합니다. 머지않아 음성으로 지시할 수 있는 로봇청소기가 시판되어 인간이 로봇과 친숙하게 의사소통을 하면서 집안일을 하는 날이 올 것입니다. 인공지능의 핵심 요소인 인지 및 판단 지능이 대폭 높아진 로봇이 개발된다면 가정용 로봇시장이 더 확대될 것입니다.

로봇청소기만 하더라도 디자인팀, 인공지능팀, 무인시스템팀, 배터리팀, 진공청소기팀, 스마트폰팀, 소프트웨어팀 등 전문가들이 협업을 해야만 개발을 할 수가 있습니다. 그래서 효율적으로 협업하는 인재를 육성하기 위해 기업에서는 많은 시간과 비용을 들이고 있습니다. 사실 기업 입장에서는 이런 자질과 능력을 갖춘 인재를 뽑아서 활용하는 것이 가장 좋은 방법입니다. 그래서 기업 경영자들은 이런 비효율성을 합리적으로 해결할 수 있도록 공교육 기관에서 미리 이러한 인재를 육성해 달라고 한목소리를 내고 있습니다.

그러나 학업 경쟁이 만연한 한국 사회에서는 '협업'이라는 개념이 아이들에게 익숙지 않습니다. 그래서 여러 사람이 모여 그룹별로 프로젝트를 하는데 서툰 편입니다. 각기 다른 자질과 능력을 가진 아이들이 모여서 서로 협업을 통해 창의적 방안을 도출해 내야 하는데 그것이 쉽지 않습니다.

각자의 인격을 존중하지 않으면 협력을 할 수 없습니다. 그리고 프로젝트는 과정이 좋아야 만족할 만한 결과가 나옵니다. 그래서 똑똑한 사람 한 명보다는 각자가 공동선을 이해하고 모두 즐겁게 참여하는 팀워크가 중요합니다.

협업은 일을 나누어서 하는 것만 의미하지 않습니다. 협업은 조직의 이익과 나의 이익 사이에서 실리를 추구하는 것도 아닙니다. 공동선을 위해서 효율성을 추구하는 것이 협업입니다. 공동선의 개념은 협업에서 가장 중요한 개념입니다. 공동선의 개념은 너무 중요하므로 따로 프로젝트 수업 얘기를 할 때 더 구체적으로 설명하겠습니다.

33

감성 능력

3차 산업혁명 시대에는 별다른 관심을 받지 못했던 감성 능력 Emotional Intelligence이 4차 산업혁명 시대에 인재들이 갖춰야 할 10대 핵심 역량에 새롭게 선정되었습니다.

미국 노동부의 직업정보네트워크 콘텐츠 모델에 따르면, 감성 능력은 상대방의 반응을 인지하고 왜 그렇게 반응했는지 이해하는 능력입니다. 4차 산업혁명 시대에는 다품종 소량 생산의 시대이기 때문에 개별 소비자의 기호와 성향, 욕구와 구매 패턴을 이해하고 맞춤형 상품이나 기술을 감각적으로 계발할 수 있는 감성 능력이 절대적으로 필요합니다.

기계는 감정이 없습니다. 그러나 인간은 상대가 왜 기뻐하는지, 왜 우울해하는지 파악하고 그에 맞춰 대응합니다. 이것이야말로 기계가 가질 수 없는 능력입니다.

앞에서 저는 미래 핵심 역량을 기르는 가장 효율적인 교육방법으로 프로젝트 수업을 소개했습니다. 이것은 넓게 보면 정서 수업입니다. 이러한 수업을 받아보지 못한 부모들은 평가가 없으니까 아이들이 편안하고 행복하게 수업을 받는 줄로만 알고 있는 경우가 많습니다. 프로젝트 수업은 동기부여가 확실하지만 그렇다고 해서 수업 진행과정이 편하고 행복한 것만은 아닙니다. 개념을 이해하지 못하고 역량이 부족한 아이들은 과제를 수행하면서 상당한 스트레스를 받습니다. 이 수업은 국어, 영어, 수학처럼 정확히 구분해서 할 수도 없고, 프로젝트 수행 과정에서 복합적으로 역량을 함양하지만 상황에 따라 역량의 비중이 다를 뿐 반복되는 여러 역량을 모든 프로젝트 과정에서 끊임없이 되풀이하고 배우며 생활해야 합니다. 이러한 정서 수업은 배운 것을 암기한다고 해서 되는 것이 아니라 실제 경험을 통해서 이루어지는 것입니다.

아이들은 급식 문화를 바꾸는 프로젝트를 수행하면서 처음 본 사람들에게 공감을 이끌어 내는 것이 생각보다 쉽지 않다는 것을 느꼈습니다. 공감을 이끌어 내려면 상대방의 반응을 잘 살피고 그 반응을 해석하는 능력을 갖추어야 합니다. 그런데 아이들은 자신들이 예상한 반응이 나오지 않으면 당황하고 좌절했습니다. 그 순간에 아이들은 이성적 판단을 하지 못하고 합리적인 대안을 찾지 못했습니다. 아이들이 이렇게밖에 대처하지 못한 이유는 간단합니다. 경험이 부족해서 경험에 의한 데이터가 없었기 때문입니다.

이러한 감성 능력은 실제로 몸으로 부딪히는 다양한 경험을 통해서 오랜 기간에 걸쳐 함양되는 것입니다. 다양한 사람들을 만나서 소통하고 관계를 맺는 경험을 해봐야 다른 사람의 정서를 받아들이고 이해하며 감성 능력이 향상될 수 있습니다. 그러면 상대방이 원하는 것이 무엇인지 예측할 수 있고 자신이 예상하지 못한 상황에 처하더라도 당황하지 않고 상대방이 원하는 것이 무엇인지를 찾으려고 하는 사람이 됩니다.

하버드대 교수를 역임하고 미국과학진흥회의 특별회원으로 활동하고 있는 대니얼 골먼Daniel Goleman은 이렇게 말했습니다. "리더가 되기 위해서는 상황을 완전히 이해하고 장악하는 것보다 협조와 지원을 받아야 하는 사람들에 대해 진정한 관심을 갖고 그들에게 긍정적인 감정을 불어넣을 수 있는 능력을 길러야 한다."

대니얼 골먼은 감성지능을 사회적 지능이라는 개념으로 확장했습니다. 사회적 지능은 감성지능보다 관계에 좀 더 초점을 두고 리더십을 측정하는 개념입니다. 자신이나 다른 사람의 감성을 인지하고 이해하는 능력을 '감성지능EQ'이라고 하는 반면, 여기서 한 발 더 나아가 이를 개인의 행동이나 관계에 활용하는 능력을 '행동적 감성지능BEQ, Behavioral Emotional Intelligence'이라고 합니다. 대니얼 골먼은 행동적 감성지능을 향상시키는 몇 가지 방법을 소개했는데 저는 이 중에서 감성적으로 충만한 상황일수록 분명한 말로 정중하게 의사결정을 하라는 지침에 눈길이 갔습니다. 이것은 막무가내로 자신의 뜻을 밀어붙이는 것을 막기 위한 효과적인 방법입니다. 만약 감정적인 대화로 진행될 것이 예상된다면 미리 리허설을 해보는 것도 좋은 방법입니다. 아이들이 무엇을 말할 것인지, 어떤 말을 쓸 것인지 확실하게 결정하는 훈련이 되면 사람들에게 긍정적인 감정을 불어넣어 협조와 지원을 이끌어 낼 수 있을 것입니다.

아이의 미래를 위해서 오늘 부모가 해야 할 일

아이와 좋은 음악 함께 듣기

아이들은 일상에서 공부, 성적, 관계 등으로 스트레스를 받습니다. 그러나 이런 스트레스를 견딜 줄 알아야 합니다. 이런 과정은 땅에 단단히 뿌리를 박고 폭풍을 견뎌내는 나무처럼 성장하기 위해 마음 근육을 키우는 것입니다. 스트레스에 대한 내성을 키워야 자기 뜻대로 일이 안될 때에도 "별거 아니야" 하며 다시 시작할 수 있습니다.

저는 아이들이 스트레스를 받을 때 부모가 아이와 함께 좋은 음악을 듣기를 권합니다. 음악은 희로애락이 있는 최고의 정서적 표현입니다. 또한 음악은 뇌의 효율성을 높이는 데에도 효과적입니다. 예전에는 지식을 뇌에 저장하는 것이 중요했지만 인터넷 등을 통해 정보를 쉽게 찾을 수 있는 요즘과 같은 시대는 창의력과 같은 뇌의 능력치를 발달시키는 것이 더 중요합니다. 그래서 아이와 함께 음악을 듣는 것은 더더욱 유용합니다.

좋은 음악을 자주 들으면 프로젝트 수업에도 도움이 됩니다. 공부하느라 스트레스를 받은 아이들이 쉬면서 음악을 반복적으로 들으면 프로젝트 수업 등 핵심 역량을 길러내는 수업을 할 때도 좋은 정서가 생겨서 편한 마음으로 즐겁게 과제를 수행합니다.

부모가 집에서 아이와 함께 음악을 듣고 공연도 함께 보러 다니고 아이에게 악기도 하나쯤 다룰 수 있도록 지도한다면 아이의 음악적 교육 효과뿐만 아니라 미래 핵심 역량도 키울 수 있습니다.

34

판단 및 의사결정 능력

판단 및 의사결정 능력Judgement and Decision Making은 특정 상황이나 문제에 대한 비용과 이익을 분석해 가장 합리적인 판단과 결정을 내릴 수 있는 능력입니다.

4차 산업혁명 시대에는 시키는 일만 수동적으로 하는 사람이 아니라 스스로 판단하고 알아서 척척 일을 진행하는 능동적 인재를 원하고 있습니다. 또한 조직문화도 상명하복식의 수직구조가 아니라 구성원 개개인이 자율성을 가지고 일하는 수평구조가 될 것입니다. 따라서 공동의 목표를 달성하기 위해 각각의 구성원이 유기적으로 연결되어 가장 합리적인 선택과 판단을 하는 능력이 매우 중요합니다.

제가 아이들과 함께하는 프로젝트 수업도 문제에 직면할 때마다 최선의 판단과 의사결정을 하는 능력을 키워 주기 위해서 하는 것입니다. 아이들은 합리적인 결정을 했다고 생각하지만, 경험이 부족하여 그렇지 않은 선택을 하는 경우가 종종 있습니다. 그래서 목표한 기한 내에 일이 끝나지 않을 때도 있습니다. 그렇게 되면 서로를 탓하며 팀원들 간에 갈등이 생기기 시작합니다. 이러한 갈등의 시간을 보내면서 리더가 모든 것을 결정하는 것이 합리적이지 않다는 것도 경험을 통해서 배우게 됩니다. 리더는 대장이 아니라는 것, 한번 정한 리더가 계속 리더가 되어야 할 이유도 없다는 것도 배우게 됩니다.

필요에 의해서 상황에 따라 가장 합리적인 판단과 의사결정을 하는 사람이 리더가 되어야 합니다. 이런 조직 문화가 만들어지지 않으면 판단 및 의사결정 능력은 무용지물이 됩니다. 수직적 권력 구조에서는 합리적 판단을 할 수 없습니다. 각자 팀원들이 성숙한 조직문화를 만들어 가려고 노력해야 조직의 목표를 달성하기 위한 합리적인 판단과 의사결정을 할 수 있습니다. 이러한 결정을 할 정도의 수준이 되었다는 것은 상황에 따라 팀원들이 리더를 정할 수 있다는 것을 의미합니다. 조직문화를 성숙시키지 못하면 아무리 핵심 역량을 갖추고 있어도 그 역량을 사용할 기회조차 갖지 못할 수도 있습니다. 부모들도 사회생활을 하며 답답해하는 부분이 바로 사회의 미성숙으로 인한 기회의 박탈이란 것을 잘 알고 있지 않습니까?

35

서비스 지향성

서비스 지향성Service Orientation은 남을 돕기 위해 적극적으로 방법을 모색하는 능력입니다. 여기서 남을 돕는다는 개념을 폭넓게 생각해볼 필요가 있습니다. 예를 들면 환경 문제를 해결하기 위해 석유가 아닌 물로 움직이는 자동차를 개발하는 경우가 남을 돕는다는 개념입니다. 즉 서비스 지향성은 개인의 이기주의를 넘어 타인에 대한 배려와 봉사정신을 바탕으로 확실한 목표의식을 가지고 일을 추진하는 역량을 말합니다.

제가 아이들과 함께하는 프로젝트 수업은 아이들에게 공동선의 개념을 이해시키고 그것을 행동으로 옮기는 사람이 되도록 하는 것입니다. 이러한 공동선의 기본 개념이 없이는 서비스 지향성을 키울 수 없습니다.

사회를 위해 좋은 일을 하겠다는 계획은 세웠지만 당장 학교생활에서는 친구들을 위해서 봉사하지 않는다면 아무런 의미가 없습니다. 프로젝트를 할 때도 마찬가지입니다. 희생과 봉사가 없이는 좋은 결과를 만들어 낼 수 없습니다. 아이들에게 서비스라는 것이 무엇인지 개념을 확실하게 인지시키고 실생활에서 실천할 수 있도록 학습을 해야 합니다. 아이들은 생활에서 학습이 되지 않으면 어른이 되어서도 남을 돕기 위해 적극적인 방법을 모색하지 않습니다. 오히려 '다른 사람들도 봉사하지 않는데 왜 나만 그렇게 해야 해?' 하면서 자신의 행동을 합리화하고 양심의 가책도 받지 않습니다.

미래 사회에서는 서비스 지향성이 갖춰야 할 핵심 역량이지만 가정이나 학교에서는 이것을 학습하는 것에 관심이 없습니다. 이것은 흰 도화지 같은 아이들에게 경쟁과 주입식 교육을 시킨 부작용입니다. 다른 사람을 배려하고, 도움을 주고, 때로는 자기 것을 양보하고, 다른 사람의 편의를 위해 노력하는 것이 억울한 일이 아니고 서로를 위해서 합리적이라는 사고방식의 전환이 생길 때 아이들은 서비스 지향성을 높일 수 있습니다. 남을 위해 흘린 땀을 억울해하는 아이가 아니라 보람으로 느끼는 아이가 서비스 지향성을 향상시킬 수 있다는 것은 너무나 당연한 것이 아닐까요?

36

협상 능력

　가정에서 아이들끼리 의견 충돌이 있을 때는 부모가 심판관이 되어
서는 안 됩니다. 왜냐하면 아이들은 의견이 다른 경우에 서로 협상하
고 문제를 해결하는 방법을 터득하기 때문입니다.

　협상 능력Negotiation은 생각이나 이익의 차이를 보이는 당사자들이
한자리에 모여 그 차이를 줄이기 위해 노력하는 능력을 말합니다. 4차
산업혁명 시대에 요구되는 협상이란 이기는 능력만을 말하는 것이 아
닙니다. 생각이나 이익의 차이를 보이는 상대방과 협상을 통해 차이
를 줄여 나가는 능력을 포괄하는 것입니다.

　미래 사회는 개인과 개인, 개인과 공동체가 촘촘히 연결된 네트워
크 사회이므로 협상을 통해 차이를 줄여 나가는 과정이 반드시 필요합
니다. 그래서 때로는 손해를 보는 경우가 발생하더라도 공동체 의식

을 갖고 합리적으로 협상할 수 있는 능력을 향상시켜야 합니다.

아이들에게도 공동선의 개념을 확실히 이해시킬 필요가 있습니다. 그래야 아이들이 자신의 주장이 받아들여지지 않아도 공동체의 이익이 된다면 기꺼이 다른 사람의 의견을 채택하게 되고 그러한 선택으로 결국 자신도 혜택을 보게 된다는 합리적 사고를 하게 됩니다.

아이들에게 공동선의 개념이 없으면 의견이 대립할 때마다 다투고 미워하며 감정적으로 대처하게 됩니다. 이렇게 되는 이유는 자기중심적인 사고방식 때문입니다. 공동체의 유익보다는 자기의 이익을 먼저 고려하기 때문에 의견이 다를 때 감정적으로 대립하는 것입니다.

공동선의 개념이 없는 사람은 자신의 이익만 구하는 것은 아니지만 공동의 이익에 대한 개념 부족으로 모두가 행복한 협상을 이끌어 내지 못합니다.

저는 프로젝트 수업을 할 때 아이들에게 협상의 개념을 알려 주는 것이 어려웠습니다. 왜냐하면 흔히 협상이란 어떤 전략이나 전술을 잘 활용해서 반드시 이기고 얻어내는 일이라고 알고 있기 때문입니다. 그러나 공동선을 기본 개념으로 협상을 하게 되면 구성원과 공동체를 위해서 이익이 되고 결국 나에게도 좋은 것이라는 생각으로 원만하게 협상을 할 수 있습니다. 아이들에게 나와 상대, 공동체에 도움이 될 때 좋은 협상이 가능하다는 것을 배우게 해야 합니다.

37

인지적 유연력

미국 노동부의 직업정보네트워크 콘텐츠 모델에 따르면, 인지적 유연력Cognitive Flexibility은 여러 가지 일을 다양한 방법으로 재배열하고 재구성하기 위해 다양한 종류의 규칙이나 원리를 적용할 수 있는 능력을 말합니다. 예를 들어 서울 본사 직원이 부산 지사에서 회의가 있는 경우 고정관념이 있는 사람은 운송수단을 이용해 부산에 직접 가서 회의를 하는 정형화된 방법만 찾게 될 것입니다. 반면에 인지적 유연력이 있는 사람은 물리적 이동 없이 시간과 비용을 절약하면서도 효율적인 화상회의를 할 생각을 할 것입니다. 주어진 상황이나 문제를 새로운 관점으로 분석하고 해결 방안을 모색할 때 다양성을 열어 둘 필요가 있습니다. 기존에 전혀 생각하지 못한 기발한 아이디어를 도출해내는 인지적 유연력은 4차 산업혁명 시대에 더욱 중요해질 것입니다.

아이들은 학교에서 평가받는 것에 너무나 익숙합니다. 그래서 프로젝트 수업을 할 때도 너무 성급하게 결과를 만들어 내려고 합니다. 기존에 똑똑하다는 평가를 받은 아이는 조금 부족한 아이들을 기다려 주지 못하고 그들이 낸 아이디어를 존중하지도 않습니다. 또한 프로젝트 진행 과정 중에 상황이 바뀌어도 처음 정한 방식만 고집합니다. 이러한 경직성은 좋은 평가를 받아야 한다는 강박증 때문에 생겨난 것입니다.

프로젝트 수업에는 평가가 없습니다. 그런데도 경쟁하는 것이 몸에 밴 아이들은 처음에 유연하게 대처하지 못했습니다. 아이들은 여러 번 프로젝트 수업을 하면서 여유가 생겼고 인지적 유연력도 향상되기 시작했습니다. 아이들이 모두 인지적 유연력이 향상된 것은 아니지만 처음보다는 역량의 차이가 점점 줄어들었습니다.

인지적 유연력에 대한 개념조차 없는 아이들에게 개념을 이해시키고 실제로 과제를 수행하게 하는 데는 너무나 많은 시간과 노력을 들여야 합니다. 하지만 부모와 교사는 아이들에게 충분한 기회를 주고 성장할 수 있다는 믿음을 주어야 합니다.

분명한 것은 주입식 지식 교육으로는 아무런 성과를 거둘 수 없다는 것입니다. 아이에게 억지로 공부만 강요하면 인지적 유연력은 향상되지 않습니다. 다양한 종류의 규칙이나 원리를 적용할 수 있도록 아이에게 여유를 주면서 풍부한 경험을 쌓도록 도와주어야 합니다.

6장

가정과 학교에서
길러주는 핵심 역량

38

상생의 가치를
아는 인재로 키워라

얼마 전에 모 방송사 라디오 PD로 일하는 대학 후배가 영종도에 있는 리조트에서 일주일간 연수를 받게 되었다며 연락을 해왔습니다. 일을 마치고 을왕리 해수욕장 옆에 있는 카페에서 반갑게 후배를 만났습니다. 우리는 오랜만에 수다보따리를 풀었습니다.

칵테일 한 잔에 약간 취기가 돌았는지 후배는 회사생활이 너무 힘들다고 털어놓았습니다. 일도 힘들지만 인간관계가 더 힘들다고 했습니다. 그 후배는 드라마를 만드는 PD가 되고 싶었는데 막상 라디오 PD로 일하다 보니 자신이 못 이룬 꿈에 대해 미련이 남아 있었습니다. 그래서 다른 방송국에 입사지원서를 내기로 했다며 자기소개서를 저에게 보여주었습니다. 거기에는 이런 문항이 있었습니다.

'지금까지의 경험 중 나를 변화시킨 것과 그 경험과 변화가 자신이

속한 조직이나 공동체에 어떤 영향을 주었는가?'

저는 이 문항을 보고 제 교육철학과 방법에 대해 다시 한 번 확인을 받는 느낌이 들었습니다. 세상은 똑똑한 사람보다는 공동체 구성원들과 협업을 잘 해서 좋은 성과를 만들어 내는 인재를 원하고 있습니다.

이것은 가정이나 학교에서도 마찬가지입니다. 예를 들어 부부가 집안일을 5:5로 정확하게 나누어 한다고 해서 관계에서 오는 행복감을 느끼는 것은 아닙니다. 상대가 나를 위해서 진심으로 일을 하고 그것이 느껴질 때 행복감을 느끼는 것입니다.

인간은 사랑하는 사람을 위해서 똑같은 일을 수백 번, 수천 번도 할 수 있습니다. 그것은 데이터에 근거한 것이 아니라 '사랑하는 마음'이 있기 때문입니다. 기계는 아무리 기술이 발전해도 사랑하는 마음을 가질 수 없습니다.

4차 산업혁명 시대는 인간과 기계가 협력하는 시대입니다. 기계는 인간을 편안하게 해주기 위해 협력할 것이고, 인간과 인간은 서로 행복해지기 위해서 협력할 것입니다. 그런 점에서 인간미는 관계에서 더욱 중요해지고 일을 할 때도 중요한 가치가 될 것입니다. 제가 이 책에서 교육의 본질에 대해 얘기하면서 인간미와 협업을 거듭 강조하는 이유는 바로 이 때문입니다.

4차 산업혁명 시대에는 기존 산업화 시대에서 강조하던 경쟁과 효율보다는 상생의 가치가 더 중요합니다. 우리는 이런 시대에 진정으로 소통하고 협력하는 것에 많은 노력을 기울여야 합니다. 왜냐하면 우리가 경제생활을 하는 직업의 상당수가 인공지능이나 로봇으로 대체될 것이기 때문입니다.

인간끼리 생존을 위해 벌이는 경쟁은 미래 사회에서는 다른 양상을 보일 것입니다. 인간끼리의 경쟁이 아니라 서로 협력해서 인공지능을 잘 관리해야 하는 시대가 다가오고 있습니다. 미래 사회에서는 자기가 속한 공동체와 상생하고 협력할 줄 아는 인간미 있는 사람이 경쟁력 있고 좋은 대우를 받게 될 것입니다.

39

미래 사회에서
필요로 하는 팀워크

오디세이학교에서는 획일적인 수업을 하지 않고 성적으로 아이들을 평가하지도 않습니다. 상당히 자유로운 분위기에서 수업이 진행됩니다. 그런데도 프로젝트 수업에 스트레스를 받는 아이들이 있습니다. 안타까운 것은 기존 교과서 위주의 주입식 교육에 익숙해져 있는 아이들, 특히 일반학교에서 시험 성적이 월등했던 아이들이 오히려 프로젝트 수업에 더 힘들어 한다는 것입니다. 그런 아이들은 경쟁에서 이기는 것에만 익숙해서 팀워크의 의미를 제대로 알지 못합니다. 자신이 왜 공동선을 추구해야 하는지 이해하지 못해서 그 개념을 이해시키는데 어려움이 많았습니다. 이렇게 자질이 뛰어난 아이들이 처음부터 공동선에 관한 교육을 받았다면 더 훌륭한 인재가 되었을 텐데 하는 아쉬움이 들 정도입니다.

공동선의 개념이 부족하면 프로젝트 수업에서 나오는 결과물은 기대에 미치지 못하거나 완성도가 떨어질 수밖에 없습니다. 그래도 저는 항상 아이들에게 좋은 팀워크로 일한 과정을 칭찬해 줍니다. 적어도 팀워크로 일을 하는 과정에서 조금이라도 협업을 하는 방법을 알았다면 그것이 좋은 결과물보다 더 훌륭한 것이기 때문입니다

미래 사회에서 필요로 하는 진정한 팀워크는 무엇일까요?

앞으로는 인공지능을 잘 관리하고 인공지능과 협력하여 일을 하는 능력이 더 중요해집니다. 그러기 위해서는 인간이 서로를 위해서 진정으로 협력하고, 서로 잘 될 수 있도록 돌보는 마음을 가져야 합니다. 인공지능과 로봇은 행복의 지수를 데이터로 축적해서 파악할 수는 있지만 당장 내 앞의 사람이 행복한지는 파악할 수 없습니다. 즉 로봇이나 인공지능의 협력은 데이터를 합리적으로 처리하는 협력일 뿐입니다. 그러나 인간에게는 기계가 가질 수 없는 이타심이 있습니다. 진정한 협력은 이런 이타심에 기반을 둔 협력입니다.

기계는 아무리 기술이 발달하더라도 기계일 뿐입니다. 기계는 단지 데이터에 근거해서 합리적인 접점을 찾아낼 뿐 인간처럼 서로를 행복하게 해줄 수 있는 이타심이 없습니다. 아무리 인공지능 기술이 발전하더라도 내가 사랑하는 사람을 위해서 얼마나 헌신할 수 있는지 그것을 수치화하거나 데이터화 할 수는 없습니다.

이런 점에서 우리 아이들은 인간미 있고 이타심으로 협력을 잘 할 수 있는 인재로 키워야 합니다. 그것이 미래 사회가 요구하는 인재입니다. 아이들에게 좋은 인간미를 기를 수 있는 경험 중심 수업과 일상

에서 훈련할 수 있는 과정 중심의 수업이 현재 우리 아이들에게 진짜 필요한 교육입니다.

오디세이학교에서 프로젝트 수업을 하면서 아이들은 이런 협력을 경험했습니다. n분의 1의 기계적 협력이 아니라 팀이 행복하게 할 수 있는 협력이 무엇인지 알았습니다. 결과보다는 과정, 가시적인 성과보다는 공동선을 추구할 수 있는 협력이 왜 중요한 것인지를 실제로 몸과 마음으로 느꼈습니다. 아이들은 학교 울타리를 벗어나서 세상으로 나가더라도 직접 부딪히고 경험을 통해서 더 많은 것을 배우게 될 것입니다.

40

입체 표현 수업에서
길러지는 공감 능력

미래 사회에서는 아무리 똑똑해도 혼자서 할 수 있는 일이 거의 없습니다. 100명의 수재가 모여도 인공지능 하나를 이길 수가 없기 때문입니다. 또한 기업의 환경도 제품의 첨단화로 인해서 협업 없이는 제조와 생산이 불가능하기 때문에 공감 능력은 어느 때보다 절실하고 중요합니다.

지금까지는 인간을 산업인력으로 사용하기 위한 교육이 필요했습니다. 기계적으로 인간의 능력을 평준화시키는 교육에 주안점을 두었습니다. 학교 교육에서 인간의 정서나 공감 능력은 중요하게 다루지 않았습니다.

아이들은 똑같은 교실에 앉아 똑같은 교과서로 똑같은 지식을 전달하는 교육을 받았습니다. 그리고 시험제도를 통해서 그것을 확인하고 평가했습니다. 이런 획일적인 교육은 인간의 다양성에 대한 가치가 인정받지 못하는 한계성이 있습니다. 아이들에게 똑같은 지식을 가르친다고 해도 사람마다 주관이 다르고 개성이 있기 때문에 모든 사람이 똑같이 받아들이는 것은 불가능합니다. 그런데 학교 교육은 다르게 생각하고 다르게 행동하는 것을 용납하지 않았고 그런 가운데 개성이 있는 아이들은 소외받을 수밖에 없었습니다.

저는 이러한 한계성을 극복하고자 미래 사회의 핵심 역량인 공감 능력을 향상시켜 줄 수 있는 교육에 대해 고민했습니다. 우리 기성세대도 예외는 아니지만 지금 교육을 받는 아이들도 자신의 개성을 표현하지 못하고 다른 사람의 공감을 이끌어 내지 못합니다. 사람들로부터 공감을 얻지 못하는 표현은 개성이라기보다는 괴짜, 열외자로 평가를 받습니다. 이러한 이유로 아이들은 자신을 있는 그대로 표현하지 못하고 낮은 자존감으로 살고 있습니다.

그래서 저는 입체 표현 수업을 통해 다각적인 모습으로 아이들이 자신의 정서와 감정을 깊이 생각하게 한 후 자신의 생각을 표현하게 했습니다. 그러면서 아이가 스스로 공감할 수 있는 개성을 표현하는 수업 방식을 새롭게 시도했습니다.

제가 지향하는 입체 표현 수업이란 이런 것입니다. 예를 들면 아이들이 국어, 영어, 수학 세 과목을 배울 때 좋아하거나 중요하다고 생각하는 과목의 비중은 개인마다 다르고 차이점을 보이게 됩니다. 그런데 세 과목을 모두 포함해서 이야기하게 되면 각자 독특한 자신만의 정서가 반영됩니다. 그래서 각자의 독특한 정서를 가지고 서로 소통하면 다양성을 유연하게 받아들일 수 있습니다.

역사 공부를 예로 들어보겠습니다. 일차적으로 역사적 인물들에 대한 정서를 확실하게 각인하여 잔상을 오래 남기기 위해서 역사적 상황을 구체적으로 주고 사실로 공부하게 합니다. 그다음 그 시대에 살았던 다양한 인물들을 최대한 상상해서 설정해 내도록 합니다. 설정해 낸 각각의 인물들이 각자 입장에서 느꼈을 정서나 감정들을 구체적으로 표현하고 그 이유를 토의하는 시간을 계속 반복합니다.

이것은 교과서로 설명하면 아무런 정서적 교감이 없지만 감동적인 영화를 보면 정서적 교감이 생기는 것과 같습니다. 하지만 영화를 통한 정서적 교감도 간접경험이기 때문에 오래가지 못합니다. 어느 시점이 되면 다 잊히는 한계성이 있습니다. 어쩌다 한 편 정도 잔상이 오래 남는 것도 있지만 대부분 그렇지 못합니다.

이러한 한계점을 극복하기 위해 입체 표현 수업에서는 아이들이 다양한 인간의 정서를 이해하고 직접 표현하게 함으로써 최대한 직접 경험에 가깝게 느껴볼 수 있도록 수업을 진행합니다. 따라서 역사적 상황을 지식으로 이해하고, 그 시대에 살았던 인물들의 정서를 느껴 보게 함으로써 아이 스스로 직접 그 시대, 그 인물을 최대한 가깝게 느껴볼 수 있는 경험을 계속 반복해서 최대한 잔상을 오래 남기도록 하는 것입니다.

이 수업을 처음 할 때는 아이들이 정서나 감정 표현에 익숙하지 않아서 어려움을 겪었습니다. 그래서 다양한 감정들이 나와 있는 카드를 활용하여 정서나 감정을 보다 쉽게 표현할 수 있도록 유도해 주었습니다. 그랬더니 점차 다양한 감정과 정서의 표현들이 나오기 시작했습니다.

그 결과 아이들 스스로 역사적 인물을 자신처럼 동질화하며 느끼게 되었습니다. 역사적 인물 가운데 자신과 정서가 비슷했던 인물과 다른 인물을 찾아내고, 역사적 인물 속에서 자신을 새롭게 발견하기도 했습니다. 다른 아이들이 역사적 인물을 표현하는 것을 들으면서 서로 공감하고 서로 다른 정서도 이해하게 되었습니다. 그렇게 서로 다른 것에 교감하게 되자 아이들은 자신을 성찰하고 간접경험을 통해 자신의 적성과 소양을 찾아보는 시간을 가질 수 있었습니다.

저는 기존의 진도에 쫓겨 수박 겉핥기식으로 수업을 진행하지 않았습니다. 곱씹고 곱씹어서 반복되는 과정이 자기를 깊이 있게 이해하여 자기를 찾고 남을 알아갈 수는 방법임을 아이들 스스로 깨닫게 했습니다. 이 수업을 진행할 때 진도빼기식 수업에 익숙한 아이들은 비슷한 상황들이 반복될 때 지루해 했지만 차츰 역사적 인물에 대한 이해도와 흥미가 높아지면서 수업을 즐기게 되었습니다. 진도 위주의 학습보다는 조금 다른 방식으로 같은 상황을 해석해 보는 연습을 해보는 것도 다양성과 유연성, 공감하는 능력을 키울 수 있는 중요한 수업 방법이라고 생각합니다.

이 수업을 마치고 아이들은 이렇게 평가했습니다.

"역사적 인물들의 감정과 상황을 알아가는 과정에서 막연하게만 느껴지던 인물들이 현실감 있게 생생한 감정으로 와 닿았다. 그리고 감정을 공유하고 공감하는 것에 대해 익숙해지는 느낌을 받았다."

"내가 이해한 정서를 표현하는 것도 중요하고, 다른 친구들이 인물의 정서를 이해하고 표현하는 방식을 보고 듣는 것도 의미가 있는 일이라는 것을 알게 되었다."

이 수업을 통해 공감 능력이 길러진 아이들은 자기주장을 하더라도 상대방을 존중하는 마음을 가지고 할 것이고, 감정적 충돌이 있을 때는 조율할 수 있는 사람이 될 것입니다. 또한 상황에 맞는 적절한 문제를 제기하고 다른 사람의 의견도 귀 기울여 들을 수 있는 사람이 될 것입니다.

41

대본을 쓰면서
입체적으로 표현하기

저는 아이들과 함께 정서 및 감정에 대한 공부를 마친 다음에 아이들과 함께 고려 말과 조선 건국사에서 역사적인 인물을 한 사람 골라서 그 인물의 입장에서 대본을 써보는 활동을 해 보았습니다. 그것은 대본을 잘 쓰는 것이 목적이 아니라 상대방의 입장을 이해할 수 있는 사람이 되기 위해서 대본의 형식으로 써보게 한 것입니다. 아이들에게 시급하게 교육할 일은 상대방의 입장을 이해하는 것입니다.

그냥 글을 쓰는 것과 대본을 쓰는 것은 전혀 다릅니다. 글은 내 생각이나 지식을 서술하는 것이지만 대본은 한 인물의 입장에서만 쓰는 것이 아니라 상대방의 입장에서도 써야 하기 때문에 하나의 상황을 쓰더라도 입체적으로 생각하고 표현해야 합니다. 즉, 대본을 쓸 때는 상대방의 관점에서도 생각해야 하고 여러 사람의 입장을 충분히 이해하는 것이 중요합니다.

저는 아이들에게 각자 표현하고 싶은 인물의 정서를 중심으로 대본을 작성해 볼 수 있는 충분한 시간을 주었습니다. 그리고 완성된 아이들의 대본을 모두 같이 읽었습니다. 대본을 써온 아이는 기획의도와 전하고 싶은 메시지, 그리고 등장인물들의 정서를 설명하였고, 다른 아이들은 대본을 읽은 후에 피드백을 해 주었습니다. 아이들은 다른 아이들의 피드백을 감안하여 다시 대본을 수정하여 최종 완성본을 제출했습니다.

아이들은 각자의 상상력을 발휘하여 대본을 완성했습니다. 이성계, 정도전이 조선을 건국하는 과정을 입체화한 아이도 있고, 고려 말 백성들이 느꼈을 정서를 실감나게 표현한 아이도 있었습니다. 어떤 아이는 조선이 건국한 후에 생겨났을 법한 다양한 백성들의 정서를 표현했고 또 어떤 아이는 정도전 부인인 최씨 입장에서 바라본 조선 건국과 그 과정에서 한 여인이 느꼈을 외로움의 정서를 표현했습니다. 최영 장군의 어린 아들을 등장시켜 불안과 공포 등의 감정을 표현한 아이도 있었습니다.

다양한 역사적 인물들의 정서와 삶을 대본을 써서 다 같이 읽고 피드백 해 가는 과정에서 한 아이는 다음과 같은 결말을 도출해냈습니다.

조선을 건국하고 난 뒤 이방원에게 억울한 죽음을 당한 정도전에 대한 그리움과 그 이후의 조선이라는 나라에 대해 걱정하고 있는 이성계에게 저 세상 사람이 된 정도전이 소복을 입고 찾아온다.

#13 정도전과 이성계와의 대화

이성계 자다가 일어남. 무대 오른쪽 끝에 소복을 입은 정도전이 서 있음. 평화로운 얼굴 표정.

이성계 도전대감 걱정되지 않소? 대감이 세우고자 했던 나라! 위로는 임금을 돕고 아래로는 백성을 돕는 재상을 중심으로 움직이는 나라! 핏줄에서 핏줄로 이어지는 왕이 반드시 똑똑하란 법이 없기에, 왕이 잘못된 정치를 할 때 고통 받는 것은 백성들이기에 신하들이 중심이 되어 정치가 돌아가면 왕이 어리석다 할지라도 백성들이 덜 고생하는 나라를 만들고자 했던 도전의 사상! 나 혼자서는 도전대감의 이 사상을 실천해 낼 수 없기에 안타깝고 안타깝소. 방원이 이놈이 원망스럽소. 속이 타들어가 물조차 목구멍으로 넘길 수가 없소. 나보다 훨씬 큰 열망을 가진 대감이잖소? 그렇게 겨우 세운 이 조선이라는 나라가 예전처럼 다시 돌아간다면…….

정도전 (웃으면서) 조선은 우리가 큰 그림을 그렸던 나라가 되지 않을 것이오. 그것은 어찌 보면 당연한 일이오. 어떤 일이든 시작한 대로 끝나는 일은 잘 없지 않소. 특히 지금같이 현실이 꿈꾸는 이상과 크게 반대되는 경우엔 그 타협점은 허무할 만큼 멀어진다오.

이성계 그렇다면 우리는 무엇을 위해 인생을 건 것이오? 대감은 이미 실패한 인생을 염두에 두고도 시도한 것이란 말이오?

정도전 그것은 실패가 아니오. 물론 성공하고 유지된다면 더할 나위 없이 좋겠지만 내가 목표로 했던 것은 지금의 성공만은 아니오. (사이) 나는 가능성에 도전한 것이오. 먼 훗날, 어떤 이가 뭔가를 느꼈을 때, 그 생각을 실천하기 위해 힘을 실어 줄 만한 가능성을 보여준 것이오. 누군가 나를 떠올리면서 공감을 얻고 힘을 얻는다면 난 그것에 진심으로 감사하오.

이성계 힘을 얻는단 말이오?

정도전 그렇소. 높은 이상을 가진 자, 세상을 바꾸고 새로운 세상을 만들고자 하는 자, 그러나 현실에 부딪혀 힘들어하는 자. 나는 그런 사람들을 이런 방식으로 응원하는 거요.

이성계 응원이라니…….

정도전 나는 응원이 되고자 하오. (사이) 그 시대가 언제든 상관없이 나는 분명히 우리의 시도가 영향을 미친 시대가 있을 거라 믿소. 정치가 끝없이 부패하고, 가난한 자들은 더 가난하고 가진 자들은 감당할 수 없을 만큼 많이 가지며, 모든 인간들이 평등하지 않은 세상. 그런 세상에 사는 누군가가 우리의 시도를 보고 용기와 힘을 얻을 것이라 믿소. 정치가 부패했다면 어떠한 경우라도 백성들의 힘으로 몰아낼 수 있다는 용기 말이오.

이성계 그럼 그때는 언제일 것 같소?

정도전 무슨 말이오?

이성계 우리의 시도로 용기를 얻은 누군가가 세상을 바꾸는 데에 성공한 시대 말이오.

정도전 그건 아주 먼 훗날일 것이오. 왜냐하면 그렇게 용기를 얻어서 한 시도는 어쩌면 또 무너질 것이기 때문이오. 무너지고 또 무너질 것이오. 그러나 그렇게 끝나는 것이 아니라 또 하나의 응원이 되어 영원히 존재하는 것이오. 우리의 시도가 언젠가 올 우리의 죽음과 같이 끝나는 것이 아니듯 말이오. (사이) 그렇게 아주 많은 세월이 지나고 나면 언젠가 우리가 그리는 세상과 아주 비슷한 세상이 되어 있을 거라 믿소. 장군, 나는 그 먼 훗날의 세상을 보았소. 내가 살아가는 이 시대가 아니라.

이성계 과연 대인이시구려. 대감의 말을 듣다 보면 시대를 잘못 타고났다는 생각이 드오.

정도전 하하, 그렇지도 않소. 과한 칭찬이오. 하하하. 그리고 장군이 하나 모르는 것이 있소.

이성계 그게 뭐요?

정도전 사실 나에게 가장 중요한 가치는 사랑이었소. 죽고 나니 깨달아지더이다. 형님이 걱정하실까 봐 잠시 만나러 온 거요. 앞으론 나의 죽음에 대해서 걱정하지 마시고 발 뻗고 주무시오. 나는 이제 나의 사랑 은선이한테로 갑니다.

기존 지식 습득 수업처럼 단순하게 역사를 사실로만 공부시키고 연극 대본으로 완성해 보라고 했다면 정도전의 비극적 죽음에서 얻을 수 있는 교훈이나, 이성계, 정도전의 삶에서 오는 관계성 정도만 표현했을 것입니다. 그러나 시대적 상황을 반복적으로 상상하고 그 시대에 살았던 인물들을 구체적인 정서로 함께 생각하니 시대적 인물에 대한 깊은 정서적 교감과 그 시대적 상황에 대한 공감대가 형성이 된 대본이 만들어졌습니다.

대본을 보면 알겠지만, 아이들은 한 나라를 개혁하고자 했던 정도전이 죽음을 맞이할 때 어떤 생각을 했을지에 대한 고민을 스스로 하고 그것을 실제로 표현해 내고 있습니다. 아이들은 역사를 지식으로만 공부할 때는 이성계는 왕이 되어 성공한 사람이고, 정도전은 재상이 되었지만 결국은 죽임을 당한 실패한 사람이라고 심플하게 정리했습니다. 그런데 대본을 쓰면서는 '과연 정도전은 실패한 사람인가?'라는 질문을 던지면서 여러 가지 관점에서 표현했습니다. 아이들은 이성계와 그의 부인, 정도전과 그의 부인도 각각 주인공인 시점에서 비중을 달리하지 않고 바라보기도 했고, 인물뿐만 아니라 시대적 상황에 대해서도 왕의 시점, 신하의 시점, 일반 백성의 시점, 남자의 시점, 여자의 시점, 아이의 시점에서 이야기하면서 관점의 다양성과 유연성, 폭넓은 수용성을 키우게 되었습니다.

아이들은 대본을 쓰면서 '모든 인물이 갖는 삶의 비중은 같다'라는 인식의 변화가 생겼습니다. 이성계, 정도전만 주인공이 아니라 모두가 주인공인 시점에서 대본을 다루었다는 점이 지식교육 수업에서는 얻을 수 없는 수확이었습니다. 이러한 변화가 중요한 것은 아이들이 어떤 위치에서 어떤 일을 하던 자존감을 유지하면서 자신들의 목표를 이루어가는 힘이 되기 때문입니다.

이런 과정을 통해서 아이들이 쓴 각각의 대본을 하나로 엮어내니 큰 맥락에서 하나의 흐름으로 귀결되었고 충분히 한 편의 연극으로 무대에 올릴 수 있는 대본이 되었습니다.

저는 이것이 정서에 기반하고 입체적으로 이해하고 협력해서 처음부터 함께 해왔기 때문에 가능했다고 생각합니다. 충분한 공감이 전제되면 각자의 개성을 살리면서도 하나의 작품이 완성될 수 있다는 것을 아이들이 입체 표현 수업을 통해서 배운 것입니다.

저는 입체 표현 수업을 할 때 아이들에게 각자의 관점을 토론하게 하였고, 계속되는 토론을 통해 아이들은 서로 공감하게 되었습니다. 그러한 공감을 바탕으로 자신만의 개성을 입체적으로 표현하는 것이 이 수업의 중요한 특징입니다.

예를 들면, 함께 배웠던 역사적 상황이나 인물의 삶을 연극이나 노래, 영상, 뮤지컬, 댄스 등의 입체적 방식으로 표현하게 했습니다. 물론 아이들이 자유롭게 그러나 같이하는 사람들이 공감할 수 있어야 한다는 전제하에 표현할 수 있도록 교육했습니다. 각자 배우고 이해한 것을 소통하고, 합리적으로 의견을 조율하고, 함께 공감하며 공유하는 과정에서 아이들은 인간이 서로 화합하며 행복하게 살아가야 할 미래 사회에 가장 필요한 덕목과 역량을 배웠습니다.

지금껏 우리가 추구한 공동선은 희생만 강요했기에 그 속에서 행복을 찾기는 힘들었습니다. 하지만 인간의 삶의 질이 높아지고 공감과 소통으로 추구하는 공동선의 시대에서는 희생만을 강요하지 않습니다. 사람들의 개성이 존중받고 자유롭고 편안함 속에서 공동선을 추구할 수 있습니다. 앞으로 우리의 의식 수준은 충분히 협력을 할 수 있을 만큼 나아질 것입니다.

공동체 여행에서 길러지는 자신감

끈기가 없고 집중력이 부족한 아이들에게는 등산이 좋습니다. 등산을 하면 아름다운 자연의 모습과 만나고, 건강이 좋아지고, 강한 정신력도 키울 수 있습니다.

오디세이학교에서는 지리산 종주 등반을 합니다. 아이들은 지리산을 종주하는 과정에서 자연스럽게 협력과 배려, 존중, 성취감과 자존감 등을 몸으로 익힐 수 있습니다. 이것은 글로벌 기업에서 요구하는 인재의 핵심 역량이기도 합니다.

4차 산업혁명이 진행되는 과정에서 우리가 누릴 수 있는 문화적 혜택은 수많은 어려움과 난관을 이겨내고 끝까지 살아남은 사람들만의 전리품이며 편안함이라는 사실을 이해해야 합니다. 그런 면에서 아이들이 자신의 한계를 넘어서는 성취를 통해 자신감을 습득하고 변화무

쌍한 미래 사회에 살아남을 수 있도록 도와주는 교육활동은 일상뿐만 아니라 학교 교육과정에서도 반드시 이어지도록 해야 합니다.

지리산 종주 여행을 할 때 이런 일이 있었습니다. 여행 이틀째 되는 날에 한 아이의 등산화가 찢어지는 일이 일어났습니다. 그 아이는 어쩔 수 없이 슬리퍼를 신고 산길을 걸었습니다. 지나가는 등산객들이 아이에게 "정말 대단한 학생이군" 하면서 격려를 해주었습니다. 덕분에 아이는 어려움을 이겨내고 험한 천왕봉에 올랐습니다.

첫 상담을 할 때 그 아이가 했던 말이 떠올랐습니다. 제가 "1년 동안 오디세이학교에 다니면서 꼭 해내고 싶은 것이 뭐니?"라고 묻자 그 아이는 머뭇거리지 않고 "자신감을 키우고 싶어요!"라고 했습니다. 그 아이는 지리산 종주 마지막 날 소감을 발표하는 자리에서 "앞으로 저는 뭐든지 할 수 있을 것 같아요"라고 짧지만 진정성 있고 의미 있는 말을 했습니다. 지리산 종주 여행을 통해서 자신의 한계를 뛰어넘어 성취감을 맛본 아이는 그 후에 학교로 돌아와서도 다양한 활동을 할 때 무슨 일이든 자신감을 가지고 적극적으로 하고 즐겁게 했습니다.

아이들이 일상생활에서 자신의 한계를 극복할 수 있는 일을 경험할 기회는 제한적입니다. 부모들이 아이가 할 일을 대신 해주는 일이 많고 금지옥엽 자라다보니 극한의 상황에서 자기 한계에 도전할 일이 별로 없습니다. 그러나 어렵고 힘든 상황에서 자신의 한계를 극복하려고 인내하고 적극적으로 도전한 아이들은 결국 성취감을 맛보게 됩니다. 이것은 자존감을 향상시키는 계기가 되기도 합니다.

아이들이 자신감을 얻고 자존감을 향상시키는 교육은 4차 산업혁명 시대에 더욱 절실합니다. 공부, 성적, 치열한 경쟁으로 스트레스가 쌓여가는 아이들은 지리산 종주 여행을 통해 함께 살아가는 공동체 안에는 기쁨과 고통, 희망과 좌절이 있고 그 속에 행복이 깃들어 있다는 것을 배웠습니다. 고통 가운데도 행복이 있다는 것을 배운 아이들은 자신의 인생을 성찰하며 한 걸음씩 나아갈 것입니다.

아이의 자신감을 키워 주기

아이의 자신감은 가정에서부터 길러집니다. 아이에게 자신감을 키워 주기 위해서는 어떻게 해야 할까요? 미국 육아 매체 〈패어런츠Parents〉에서는 다음과 같은 방법을 소개하고 있습니다.

1. 스스로 결정하게 한다

아이가 어렸을 때부터 스스로 결정하는 기회를 가지면 자신의 판단에 자신감을 갖게 됩니다. 아이는 자신이 주도적으로 하는 것을 좋아합니다. 이 경우에 아이의 판단을 제한하지 말고 두세 가지 정도의 선택권을 주는 게 좋습니다.

2. 스스로 해결하게 한다

부모는 으레 아이를 위험에서 지켜주려 하거나 개입하려 합니다. 하지만 번번이 부모가 어려움을 해결해 주는 것은 좋은 방법이 아닙니다. 아이 스스로 극복하는 방법을 배우는 것이 더 중요합니다. 일이 잘 안 되더라도 그에 맞서 보는 기회를 가져야 합니다. 때로는 부모가 일부러 실수를 하고 대수롭지 않게 해결하는 모습을 보여주는 것도 좋은 방법입니다.

3. 돕는 방법을 찾는다

아이들은 음식을 나눠 주거나 심부름하는 등 특별한 행동을 하는 것을 좋아합니다. 그리고 그것으로부터 자신감을 갖기도 합니다. 그러므로 아이들로 하여금 스스로 돕는 기회를 주는 것이 자신감 형성에 중요합니다. 부모는 아이에게 "네 도움이 필요하다"라고 말해야 합니다. 그러면 어른들도 도움이 필요하다는 것을 알게 될 것입니다. 그리고 자신이 다른 사람을 도울 수 있는 사람인 것도 알게 됩니다.

43

식사 예절 교육이
중요한 이유

안타깝게도 우리나라에서는 인간에게 가장 중요한 의식주 교육에 대한 관심이 부족합니다. 그것이 미래 사회에 중요한 가치가 된다는 것을 간과하고 있기 때문입니다. 저는 앞에서 비정형교육이 중요하다고 언급한 바 있습니다. 아이들의 일상생활에 바탕을 둔 의식주 생활문화 교육이야말로 학교 교육에서 절대적으로 필요합니다.

예의범절과 관련한 서적들을 보면 식사를 할 때 하지 말아야 할 것들을 소개하고 있습니다. 특히 함께 식사하는 사람들이 불쾌하게 느낄 만한 행동을 경계하고 있습니다.

《좋은 식사 예절의 50가지 계율》을 쓴 본베신 데 라 리바는 13세기 말 밀라노의 종교지도자이자 지식인이었습니다. 그 당시 연회나 만찬은 믿을 수 있는 사람뿐만 아니라 적대적 관계에 있는 사람에게

연대감을 표현하는 하나의 방법이었습니다. 이 책을 보면 그 당시 사람들이 식사 시간에 실제로 어떻게 행동했는지를 적나라하게 알 수 있습니다.

식사를 할 때는 예의를 갖추고, 쾌활하게 행동하며, 옷을 잘 갖춰 입고, 상냥하게 배려하는 태도를 보여야 한다. 음식을 불평하지 말고, 모든 것을 칭찬해야 한다. 식탁에서 기침하거나 재채기하거나 침을 튀기는 것은 좋은 행동이 아니라는 것을 상기해야 한다. 함께 식사하는 사람과 포도주잔이나 유리잔을 같이 사용할 때는 손이 아닌 깨끗한 냅킨으로 잔을 닦는 것이 관습이다. 포도주를 마실 때는 음식을 다 씹은 다음 먼저 입을 닦고 나서 마신다. 음식을 돌릴 때는 엄지를 접시에서 떼는 것이 바람직하다. 숟가락으로 음식을 먹을 땐 후루룩 소리를 내지 않아야 한다. 돼지처럼 수프 한 그릇에 침을 흘리는 사람이 있다면 그는 자리에서 일어나 짐승과 같이 먹어야 할 것이다. 코를 풀 때는 손가락이 아니라 손수건을 사용해야 한다. 사람들과 함께 고기나 생선을 먹을 땐 항상 다른 사람에게 좋은 부위를 양보해야 한다. 말하기 힘들 정도로 입에 음식을 너무 많이 채우지 않아야 한다. 높은 계급의 사람과 함께 식사할 때는 그 사람이 술을 마실 동안 음식을 먹지 말아야 한다.

15세기 후반 헝가리의 국왕이었던 마티아스 코르비누스는 아주 활달한 사람이었는데, 당시 기록을 보면 그는 식욕이 왕성하고 술도 잘 마셨다고 합니다. 그럼에도 비단과 벨벳 예복에 소스를 튀기거나 기름기 한 번 묻히지 않고 엄청난 양의 음식을 먹고 술을 마시면서 동시에 대화도 할 수 있었다고 합니다.

서구사회는 식사를 할 때의 기본 에티켓, 매너, 품위를 여전히 중요하게 여깁니다. 그런데 우리는 훌륭한 식사 문화를 급식 문화로 바꿔버렸습니다. 이것은 고급 식사 문화를 계승하고 발전시킨 서구사회에 비해 문화적 후진국이라는 편견을 갖게 하고 있습니다. 국경도 없어지고 사람과 사람의 관계가 중요한 미래 사회에 이런 식사 문화의 후진성은 경쟁력을 약화시킬 수 있는 원인이 될 수도 있습니다.

대부분의 한국 유학생들은 현지의 주류主流사회에서 소외되어 외톨이가 되거나, 한국 유학생들끼리 어울리면서 겨우 공부를 마친다고 합니다. 설사 그곳에서 실력을 인정받아 학교나 연구소 등에 취직을 하더라도 그다지 오래 버티지 못하고 스펙 쌓기만 끝나면 좋은 자리를 찾아 국내에 들어옵니다.

이러한 현상에 대해 외국 생활이 적성에 안 맞아서, 또는 동양인에 대한 차별 때문이라고 하지만 진짜 이유는 현지인들과 융합하지 못했기 때문입니다. 유학 중에 학교 공부만 했지 적극적으로 그들의 문화를 이해하고 적응하려는 노력을 했는지 생각해 볼 일입니다. 그 중에서도 특히 식사 문화, 즉 테이블 매너에 대한 무지도 한 원인이 될 수 있습니다. 고작 '좌左 빵 우右 물, 좌 포크 우 나이프' 정도의 상식도 아닌 상식을 식탁 매너인 줄 알고 유학을 갔으니 학생 시절에는 적당히 넘어갈 수 있겠지만 미국사회에서 사회인으로 살아갈 때에는 그들이 철저하게 배타적인 태도를 보일 수밖에 없습니다. 그들은 이런 저런 조건이나 자격을 요구하지만 근본적으로는 모두 소통 능력에 대한 검증입니다. 이러한 소통 능력은 결국 일상의 식사 문화에서 비롯됩니다.

우리나라 부모들은 아이가 공부를 잘 하나 못하나, 어떤 교과목이 부족한가에 대한 집중력은 세계 최고이지만 자녀의 생활에서 애로사항을 이해하는 집중력은 세계에서 꼴찌가 아닐까 생각될 정도로 아이와 정서적 교감을 하는 데 서툽니다. 부모들은 아이의 정서를 잘 알고 있다고 확신하겠지만 제가 아이들을 상담해 보면 상당수의 아이들이 부모님이 자신을 이해하지 못한다고 말합니다. 부모가 자신을 이해하지 못한다고 생각하는 아이들은 정서가 불안해져서 이상 행동을 하곤 합니다. 과도하게 애정을 받으려고 하거나 과도하게 자신을 드러내려고 하고, 또는 반대로 너무 위축되어 자신을 꽁꽁 숨기고 마음을 닫고 교육활동에 동참하지 않습니다. 이러한 부작용은 부모가 조금만 자녀에게 집중해 주어도 쉽게 개선이 됩니다.

유대인들은 평범한 아이를 창의적 인재로 키우는데, 그 비결은 교감 교육법에 있습니다. 유대인들의 식사 시간은 즐거운 대화가 꽃피는 활기찬 교실과 다름없습니다. 구글의 창업자 래리 페이지는 "식사 시간마다 부모님과 나눈 대화 덕분에 끊임없이 생각하고 상상하게 되었다"고 말했고, 영화감독 스티븐 스필버그는 "학업보다는 영화에 빠져 사는데도 부모님은 식사 시간에 항상 내 이야기에 귀를 기울였고 재미있다고 격려해 주셨다"고 했습니다.

　교육은 시간표에 있는 수업 교과목에만 있는 것이 아닙니다. 어쩌면 우리는 효과가 높은 밥상머리 교육을 제대로 하지 못해서 아이들에게 질문하고 토론하는 법을 알려 주지 못하고 사고력을 키워 주지 못하고 있는지도 모릅니다. 식사 시간은 단순히 몸에 필요한 영양분을 공급하는 시간만이 아닙니다. 부모와 아이, 교사와 아이가 가깝게 소통하고 교감할 수 있는 시간이기도 합니다.

　식사를 하면서 대화를 할 때 언어 습득이나 구사 능력이 높아집니다. 또 식사를 할 때 서로 칭찬을 하면 다른 때보다 행복감이 더 높아집니다. 이렇게 아이들의 미래 역량을 효과적으로 높일 수 있는 밥상머리 교육이 무관심 속에서 방치되어서는 안 됩니다.

다양한 세계의 식사 문화 경험하기

우리는 여러 나라 음식을 먹고 있습니다. 그런데 한국식으로만 먹을 뿐 그 나라의 방식으로는 먹지 않습니다. 식사는 문화인데 우리는 식사를 맛으로만 느끼고 문화로는 느끼지 못하고 있습니다. 특정 식당들을 찾아보면 그들의 문화를 충분히 느끼면서 식사할 수 있는 곳이 꽤 있습니다. 인도 식당에 가서는 손을 씻고 맨손으로 음식을 먹어보기도 하고 그들이 왜 그런 식으로 먹는지 이해하고 느껴보기도 하세요. 프랑스 식당에 가서는 드레스코드를 맞추고 프랑스 전통 예절에 맞추어 풀코스 요리도 먹어 보고 입으로도 즐기고 눈으로도 즐기고 몸으로도 즐겨 보세요. 굳이 해외에 나가지 않고도 여러 나라 문화를 경험할 수 있습니다.

왜 아이에게 다양한 식사 문화를 접하게 해야 할까요?

품격에선 동서양이 본질적으로 다르지 않다고 합니다. 테이블 매너 역시 마찬가지입니다. 아이가 어떤 분야 누구와도 식사를 함께하면서 한두 시간 즐겁게 담소를 나눌 만한 교양과 매너를 갖춘 사람으로 자라날 때 글로벌 주류사회의 일원으로 당당하게 살아갈 수 있습니다.

그동안 우리는 지식교육만 중요하게 생각하여 식사 예절을 사소하게 생각해 왔습니다. 그러나 글로벌 세계에서 활동하게 될 아이들에게는 식사 예절은 반드시 배워야 하는 매너입니다. 어려서부터 식사 예절의 필요성을 알게 하면 국내뿐 아니라 외국에 나가서 누구를 만나 식사를 하든 쉽게 정서를 나누고 공감할 수 있습니다.

44

학교 급식 문화는
바뀌어야 한다

산업화 시대에 기업가들은 공장 노동자들에게 어떻게 하면 빠르고 효율적으로 밥을 먹게 해서 더 많은 일을 시킬 수 있을까를 고민했습니다. 그렇게 먹고 일하는 것이 불합리하다는 것을 깨달을 여유도 주지 않고 소통 없이 밥을 먹게 했습니다. 현재 학교 급식 문화도 이와 다르지 않습니다. 아이들은 식판에 기계적으로 배급을 받고 매우 소란하고 시끄러운 분위기에서 식사를 합니다. 길게 줄을 서서 기다리고 있는 아이들을 위해서 빨리 먹고 일어나야 한다는 압박감에 시달리며 한 끼 때우기 식의 식사를 하고 있습니다. 이렇게 비인간적인 문화에서 매일 식사를 하는 아이들의 자존감은 낮을 수밖에 없습니다.

대개의 아이들은 선택의 여지도 없이 초등학교에 입학하자마자 10년 넘게 이런 문화에서 식사를 하고 있습니다. 저는 학교에서 만난 아이들의 자존감이 대체로 낮은 이유가 상대평가를 하는 서열화 교육 등에 원인이 있지만 근본적으로 아이들에게 매일 반복되는 비인간적인 급식 문화와 이와 비슷한 비인간적인 잠재적 교육과정도 아이들의 자존감을 떨어뜨리는 원인이라고 생각합니다. 앞에서도 얘기했지만 학습은 정규과정에서는 거의 10% 내외만 이루어지고 그 밖의 90%는 비정형화된 교육과정에서 이루어집니다. 그런 점에서 학교 급식 문화를 바꾸기만 해도 아이들이 행복하게 미래 핵심 역량을 길러낼 수 있습니다.

프랑스에서는 오래전부터 이런 인간 존중의 식사 문화를 실천하고 있습니다. 《세계 학교급식 여행》이라는 책을 보면서 그것을 실감나게 느낄 수 있었습니다. 프랑스 학교 식당에서는 아이들이 음식의 맛을 제대로 느낄 수 있도록 실내장식부터 그릇 하나하나까지 모든 것을 제대로 준비합니다.

학교 식당의 벽에는 다채로운 벽화가 걸려 있고 천장은 예술 작품으로 장식되어 있습니다. 아이들은 원형 테이블에 몇 명씩 둘러앉아 학교 급식을 먹는데, 따뜻하게 데워진 도자기 접시와 제대로 된 나이프, 포크, 스푼을 사용합니다. 점심 식사를 감독하는 어른들은 식당을 돌면서 아이들이 식단에 대해 물어볼 때마다 답을 해주고, 음식을 남기지 않도록 지도합니다.

프랑스 사람들은 단순히 배고픔을 덜기 위해서 먹는 것이 아니라 정신적 즐거움을 얻고자 먹는 것으로 생각합니다. 그래서 음식의 맛과 향, 색깔 등을 모두 중요하게 여깁니다. 이런 문화와 분위기에서 매일같이 식사하는 프랑스 아이들과 기계적으로 식판에 배급을 받고 소란한 분위기에서 한 끼 때우기 식으로 정신없이 식사하는 우리나라 아이들의 자존감과 정서에는 당연히 차이가 있을 수밖에 없습니다.

우리나라 가정에서도 부모가 맛있고 영양적으로 균형 잡힌 음식을 만들어서 제때 아이에게 먹이고 밥상머리에서 다양한 주제로 얘기를 나누며 성장하는 아이는 바깥으로 돌지 않는다고 합니다. 밖에서 더 놀고 싶어도 부모가 해주는 따뜻한 음식과 다정하고 화목한 밥상머리 대화 때문에 때가 되면 집으로 돌아옵니다. 가정이나 학교에 적응하지 못하고 밖에서 일탈 행동을 하는 아이들이 점점 늘어나는 현 시점에서 식사 문화를 바꾸는 것만으로도 아이들은 따뜻한 인간미 있는 사람으로 성장할 수 있습니다.

저는 오디세이학교에서 급식 문화를 바꿔 나갔습니다. 점심 식사 시간에 식판이 아닌 그릇을 사용하고, 음식은 집게로 덜고, 반찬 접시는 필요에 따라 서로 옮겨주는 식으로 배려하면서 식사를 했습니다. 점심시간을 식사수업이라고 칭하면서 아이들과 밥을 함께 먹었습니다. 간단하게 식사 예절을 가르쳐주고 그것을 지키게 했습니다. 학생뿐만 아니라 교사들조차 처음에는 이 수업을 식사 예절 같은 고리타분한 규범을 가르치는 것으로 생각했습니다. 그러나 공동체가 화합하고 즐겁게 함께하기 위해서 공동의 규칙을 만들고 그것을 지키는 것은 즐거운 스트레스라고 강조했습니다. 이런 작은 규범을 지킴으로써 함께하는 사람들과 진정으로 행복하게 화합할 수 있다는 것을 말뿐 아니라 몸으로 배우고 익히게 했습니다. 함께 살아갈 때 꼭 필요한 소중한 가치들을 교과서가 아니라 식사 문화에서 자연스럽게 터득해 보고자 했던 것입니다.

얼마 안 되어 아이들은 밥을 먹으면서 서로 자유롭게 이야기를 나누고, 여유 있게 기다려 주고, 상대를 존중하고 배려하는 마음을 행동으로 보여주었습니다. 교사와 아이가 함께 식사를 하면서 얘기를 나누자 자연스럽게 서로 존중하는 문화가 만들어졌습니다. 4차 산업혁명 시대에 대표적 키워드인 공감, 배려, 협력, 소통 등의 가치가 인간적인 식사 문화에서 자연스럽게 나타나게 된 것입니다. 인간미 있는 교육은 멀리 있지 않습니다. 식사 문화를 바꾸는 것에서부터 시작할 수 있습니다. 오디세이학교의 식사 문화가 전국의 모든 학교 식사 시간에 흔히 볼 수 있는 풍경이 되기를 희망해 봅니다.

인공지능은 가장 인기 있고 맛있는 레시피를 찾아주고 만드는 법도 알려주고 있습니다. 로봇이 직접 음식을 만들어서 인간 앞에 내어 놓을 날이 멀지 않았습니다. 하지만 인간이 함께 음식의 맛을 느끼고 정서를 교감하는 것을 인공지능 로봇은 절대로 할 수 없습니다. 또한 혼자 밥을 먹을 때 인공지능이 말벗이 되어 줄 수는 있지만 음식에 담긴 정을 나눌 수는 없습니다. 그것은 인간의 고유한 영역이기 때문입니다.

인간 고유의 교감과 인공지능과 인간의 교감은 초창기에는 잘 구분하지 못하겠지만 이러한 식사 문화 교육을 통해서 아이들은 그것을 정확하게 구분하게 될 것입니다. 그리고 반드시 그래야만 인간이 고유의 영역을 지키면서 인공지능과 함께 어우러져 살 수 있습니다.

45

창의성과 개성을
옷으로 표현하기

우리나라의 기존 교과 과정에서는 인간의 삶에서 중요한 의^衣생활 문화에 대한 교육이 거의 없습니다. 인간은 기본적으로 표현의 욕구가 있습니다. 그런 욕구를 충족시켜 주고, 자신의 개성을 드러낼 수 있는 중요한 수단 중의 하나가 옷입니다.

신석기시대의 유물로 뼈바늘과 돌로 된 방추가 발견되었는데 지금까지는 그것을 옷의 기원으로 보고 있습니다. 그 이후에 인류는 시대에 따라 다양한 옷을 입었습니다. 한 연구에서는 인류가 몸의 털을 잃은 지 한참 뒤에야 옷을 입기 시작했다고 합니다. 유전적인 피부색 연구에 따르면 사람의 체모가 사라진 시기는 약 100만 년 전인데, 이는 인류가 아주 오랫동안 털도 의복도 없는 채로 지냈음을 의미하는 것이라고 합니다. 또 아프리카에서 수십만 년 동안 옷도 털도 없이 살 수 있었던 인류가 옷을 입게 된 후에야 아프리카를 떠나 다른 지역으로 이동하게 되었다고 합니다.

옷의 기원, 옷의 발전사, 앞으로의 전망 등을 공부하다 보면 옷은 인간을 환경으로부터 보호하고, 인간의 영역을 확장시키고, 인간의 신분을 나타내는 표현이었으며, 인간을 아름답게 하기 위해 변화되었음을 알 수 있습니다. 그리고 옷은 인간의 개성을 표현하는 주요한 수단입니다. 그러기에 의(衣)생활문화에 대한 교육은 매우 중요합니다.

우리의 전통 의상에는 조상의 얼이 담겨 있습니다. 한국에서 디자인된 옷은 한국 고유의 정서가 있습니다. 각각의 유니폼에는 직업과 신분을 나타내는 규격이 있고, 각각의 의류를 입었을 때 달라져야 할 행동 양식이 있고, 각각의 의류는 그에 맞는 관리 방법이 있습니다. 이렇게 옷에 대해서 아이들이 배워야 할 것이 많고 중요한 것인데도 우리는 가정이나 학교에서 의(衣)생활문화에 대한 교육을 전혀 하지 않고 있습니다.

4차 산업혁명 시대에서는 우리가 사용하는 모든 물건들이 기존 방식으로 제조되지 않고 개개인의 맞춤형으로 제작될 것입니다. 집이나 자동차 같은 경우에는 기업이 3D 프린터로 맞춤 제작을 하고, 각자 집에서 3D 프린터로 많은 생필품을 직접 만들고, 의류도 내 몸에 맞춰 제작하게 될 것입니다. 이것은 우리의 삶과 문화가 송두리째 바뀐다는 의미입니다.

특히 옷은 개성을 표현할 때 가장 중요한 비중을 차지할 것입니다. 지금은 유행하는 비싼 브랜드를 입으면 자존감이 높아진 것 같고 사람들 앞에서 과시할 수 있었습니다. 하지만 이것은 상업적 논리에 의한 세뇌일 뿐이지 진정한 나를 표현하는 수단으로서의 역할은 하지 못했습니다. 4차 산업혁명 시대에는 자신이 직접 디자인하고 컬러를 정하고 재질을 골라서 자신만의 개성 있는 옷을 3D 프린터로 만들어서 표현하게 될 것입니다. 그런 날이 오면 각자 만든 옷에는 그 사람의 정서가 표현될 것이고, 그 시대의 정신이 반영될 것이고, 그 시대의 문화가 묻어날 것입니다. 그래서 사회적 공감대를 형성한 개인이 개성 있는 표현을 잘 할 수 있을 때 자존감이 높은 사람으로 살아가게 될 것입니다.

저는 앞에서 소개한 입체 표현 수업 시간에 아이들이 대본을 쓰고 연극을 만들었다고 했습니다. 이 연극을 연출할 때 아이들은 그 시대의 복장에 대해서 전문가에게 강의를 들었습니다. 의복의 의미, 의복을 입는 법, 의복을 입었을 때 행동하는 법 등을 정확하게 배웠습니다. 그리고 연극에서 그것을 상세하게 표현했습니다. 아이들은 우리 전통문화를 이처럼 반복되는 활동을 통해서 자연스럽게 익힐 수 있었습니다.

이처럼 학교에서 패션 전문가들의 특강을 통해서 의류에 대한 다양한 시각을 배울 수 있습니다. 우리와 다른 문화권의 의복에 대해서도 배우고 체험할 수 있는 기회들을 마련할 수 있습니다. 이런 기회가 주어진다면 아이들은 문화를 글로 배우는 것이 아니라 생활 속에서 익히게 될 것입니다. 이를 통해 다문화를 수용할 수 있는 사람으로 성장하게 될 것입니다.

그런데도 재정적 어려움과 희소성 때문에 아이들에게 이러한 교육 기회를 제공하지 못하는 것은 안타까운 일입니다. 아이들이 한복을 입고 만들어보고 다양한 경험을 하면서 문화를 직접적으로 체험하고 이해하며 정서를 갖는 것은 참으로 중요합니다. 또한 여러 나라의 의류도 직접 보고 입을 수 있는 기회가 주어지면 그 나라의 정서를 직접적으로 이해할 수도 있습니다. 각 나라의 옷을 입고 행동 양식을 배우면 예절과 문화를 더 깊이 이해하고 타 문화에 대한 공감 능력이 향상될 것입니다.

결국 옷을 입고 행동 양식을 익힌다는 것은 기본적인 예절 교육이 가능하고 이를 통해 일상에서 타인과 공감하며 협력할 수 있는 역량을 키워 나가게 되는 것입니다.

학교와 가정 교육의
연속성이 필요하다

예전에는 3대가 한 집에 살았습니다. 아이들은 조부모와 부모로부터 일상에서 자연스럽게 생활문화 교육을 받았습니다. 그런데 산업화 시대가 되면서 핵가족 중심이 되었고 부모는 부모대로 생계를 위해서 바쁘고 아이는 아이 대로 공부하느라 바빠서 생활교육이 제대로 이루어지지 않았습니다. 현재는 나 홀로 사는 가구도 많이 늘고 가족에 대한 개념이나 형태가 많이 바뀌고 있습니다. 혈연으로 맺어지지 않은 사람들이 함께 동거하거나 애완용 동물과 사는 모습이 전혀 낯설지 않습니다. 앞으로는 인공지능 로봇과 사는 사람도 생겨날 것입니다.

4차 산업혁명 시대에는 집도 대형 3D 프린터로 짓게 될 것입니다. 아마도 건축 기간도 20일이 채 걸리지 않게 되겠지요. 지금처럼 아파트 한 동의 실내와 실외가 똑같은 집들은 거의 존재하지 않을지도 모룹니다. 편하게 자신의 집을 디자인할 수 있으니 각자 개성과 목적에 맞게 자신의 집을 제작할 것입니다. 집을 짓는 인건비와 건축 기간이 획기적으로 줄어들기 때문에 땅만 있으면 지금 차를 바꾸는 비용 정도로 맞춤형 마이 홈my home 건축이 가능해진다는 얘기입니다. 어릴 적 우리가 스케치북에 그리면서 꿈꾸던 집들을 실제로 쉽게 만들어 낼 수 있는 시대가 오고 있습니다. 이 믿지 못할 건축 방법은 이미 중국에서는 개발이 되어서 상용화에 성공했고 판매까지 하고 있다고 합니다.

인간은 공동체의 구성원이며 가정은 그 공동체의 기본 단위로서 인간이 공동체 생활을 하는데 필요한 기본을 배워야 하는 곳입니다. 안타깝게도 현재 우리 사회에서 가정은 이런 기능을 하지 못하고 있습니다. 가정은 아이들이 학교나 학원에서 공부를 마치고 와서 잠만 자는 곳이 아닙니다. 편안한 쉼터이면서 기초적인 사회성을 배우는 곳입니다. 이런 기능을 다시 살려내야 합니다.

학교에서는 아이들에게 가족의 문화와 규범에 대해서도 가르쳐야 합니다. 4차 산업혁명 시대에는 가정에서 많은 시간을 보내야 하기 때문입니다. 인공지능과 로봇이 인간의 일을 많이 대체하면서 여가 시간이 많이 늘어날 것입니다. 이렇게 되면 가정에서 온 가족이 행복한 시간을 보내기 위해 더 고민하게 될 것입니다. 그러기에 가족 간에 지켜야 할 최소한의 예절을 넘어서 모두가 행복한 생활문화 교육이 절실합니다.

미래 교육은 학교에서뿐만 아니라 가정에서도 교육이 연장선상으로 이루어져야만 효과를 극대화할 수 있습니다. 교육의 연속성이 그 어느 때보다 중요한 이때에 공교육의 역할은 매우 중요합니다.

학교는 교육의 문제점을 인식하고 변화하고 있는데 학교만 변해서는 아이들이 교육을 통해서 얻을 수 있는 부분이 한계가 있습니다. 학교에서 배운 개념을 가정에서도 생활화할 수 있어야 합니다. 그런데 지금 우리 현실은 부모들이 학교가 무슨 변화를 꾀하려고 하는지 알지 못하고 변화했을 때 아이들이 무엇을 배울 수 있는지조차 감을 잡지 못하고 있습니다. 아이들이 학교에서 미래에 필요한 핵심 역량을 키우고 가정에서도 똑같이 아이들이 배운 가치를 공유해야 합니다.

7장

부모가 상상력을
발휘해야 아이가
행복해진다

47

사교육비에 문제의식을
가져야 한다

우리나라의 사교육 문화는 바뀌어야 합니다. 그 이유는 단지 순수한 교육 목표를 위해서만이 아닙니다. 대한민국의 미래가 걸려 있고 부모들의 노후 문제, 아이들의 삶이 연관되어 있기 때문입니다.

2016년 미국 가정의 교육비 지출 비중은 2% 수준입니다. 반면에 한국 가정의 교육비 지출 비중은 14%에 이릅니다. 미국의 1인당 국민 총생산비가 59,609달러, 한국의 1인당 국민 총생산비가 29,115달러임을 감안하면 우리나라의 학부모들이 얼마나 많은 돈을 교육비에 사용하는지 알 수 있습니다. 특히 아이들이 2명 이상인 가정은 실질적으로 가계소득의 절반을 교육비에 사용하고 있는 실정입니다.

평균적으로 1년에 6천만 원이 넘는 돈을 버는 미국 사람들은 교육비로 2% 사용하면서도 아이들의 학비를 대느라 등골이 휜다고 말합니다. 그리고 세금과 주택의 대출을 갚고 나면 쓸 돈이 없다고 합니다. 미국 중산층의 경우 대부분 집 한 채의 재산과 연금으로 노후를 준비합니다. 자녀들의 학비를 모두 갚아주는 부모는 보기 드물고 대학 진학 시 학비를 형편껏 지원해 주고 나머지는 자녀가 학자금 대출로 학비를 해결하게 합니다. 우리나라보다 국민소득이 2배가 많은 나라에서도 이렇게 살아야 부모가 노후를 준비할 수 있고 자녀에게 부담을 주지 않을 수 있습니다.

그런데 우리나라의 경우는 어떤가요? 1년에 3천만 원의 소득으로 생활비와 주택 대출금 혹은 전세 대출금을 갚고 나면 보험금을 낼 돈이 모자라서 부모가 모두 맞벌이를 해야 합니다. 안타까운 점은 그렇게 열심히 일해서 번 돈의 대부분을 교육비에 쓴다는 것입니다. 자세히 말하면 학원비로 냅니다. 학원비 대느라 부모들은 노후를 준비하지 못합니다. 대학교 학비를 대느라 더 일해야 하고, 결혼자금을 대느라 다시 집을 팔아 전세로 옮겨야 하고, 손주를 학원에 보내려고 전세에서 월세로 옮겨야 합니다. 그리고 본인들의 병원비와 생활비를 벌기 위해 다시 일자리를 알아보러 다녀야 합니다.

이렇듯 우리는 나쁜 선순환 구조를 가지고 있습니다. 은퇴한 사람들이 풍족하지는 않아도 놀고먹을 수 있을 때 후대를 위해서 쉴 수가 있고 그래야 젊은 사람들이 일자리를 이어받을 수 있는데 우리는 저임금으로 노후 세대들이 많은 일을 해야 하고 젊은 세대들은 그러한 소일거리에서도 밀려나고 있습니다. 십 년 전만 해도 주유소나 24시간 마트에 가면 젊은이들이 알바를 했지만 지금은 연세 드신 분들이 대부분 일을 하고 계십니다. 아파트 경비원은 절대로 연세 드신 분들이 할 수 있는 좋고 편한 일자리가 아님에도 자신의 생활비와 자녀를 위해 엄청난 경쟁률을 뚫어야 일을 할 수 있습니다. 우리 사회가 풍족하지는 못해도 은퇴한 세대가 경제활동을 하지 않아도 된다면 그리고 그 경제활동을 사회 초년생들이 하고 자신들의 평생 직업을 찾을 때까지 버팀목이 되어주는 직업이 된다면 이렇게까지 힘든 사회가 되지는 않았을 것입니다.

48

훈련 평가보다는
아이의 미래 역량에 더 집중하라

앞에서 말씀 드린 일련의 일들이 모두 사교육비 때문에 비롯된 것이라고 하면 너무 심한 비약일까요? 이미 사교육도 양극화가 진행되어서 한 달에 1천만 원이 넘는 비용을 지불하는 부모들이 있고 그 아이들은 이미 초등학교 때 중학교 수준 또는 고등학교 수준의 선행 학습을 하고 있습니다.

이런 아이를 데려가기 위해 특정 목적의 학교들은 너무나 수준 높은 평가를 합니다. 이런 평가의 문제점은 발전 가능한 아이에게 기회를 주는 것이 아니라 비싸고 아주 어려운 훈련을 받은 아이에게 기회를 준다는 것입니다. 이미 양극화가 진행이 된 상태에서 상위 아이들끼리만 경쟁하고 상위 아이들만 좋은 대학에 갈 수 있다는 것을 모르는 부모는 없습니다. 부모들이 소득의 절반을 학원비로 지출해도 아이에게는 명문대에 갈 기회가 주어지지 않습니다. 그리고 부모 세대도 그랬고 우리 아이들도 그렇고 이런 막대한 비용을 들여서 도대체 무엇을 배웠으며 삶에서 무슨 도움이 되었습니까?

그럼에도 불구하고 부모들은 여전히 아이에게 뭐라도 해주고 싶어서 학원을 보내고 있습니다. 그래서 안타까움을 금할 수가 없습니다.

막대한 비용을 들여 아이를 공부시켜서 명문대에 진학시켰다고 부모가 마음을 놓는 것도 아닙니다. 기업에서는 예전처럼 훈련된 인재를 채용하지 않고 역량을 갖춘 인재를 찾고 있기 때문입니다. 앞에서 언급한 것처럼 기업에서는 4차 산업혁명에 맞게 새롭게 정의한 인재를 채용하고 학력이나 학벌에는 큰 비중을 두지 않습니다. 이렇게 되면 4차 산업혁명이 진행되는 향후 20년 후가 되면 기성세대도 아이들도 고용대란에 휩싸일 것입니다.

대학을 졸업한 사회 초년생은 수입의 3분의 1을 월세를 내는데 사용합니다. 평생 집을 살 엄두를 내지 못합니다. 부모님이 교육비에 막대한 돈을 자신에게 사용했는데도 집에 아무런 도움이 되지 못하고 미안한 마음으로 젊은 시절을 보냅니다. 그러니 7포세대가 탄생할 수밖에 없습니다. 그리고 직장을 겨우 얻은 30대들도 결혼을 하려면 전세 이상은 살아야 됩니다. 결국 부모님에게 손을 내밀어야 하고 부모님에 대한 미안함으로 인생을 살게 되지만 자신들의 자녀에게 또 막대한 교육비를 사용해야 하기에 부모님께는 여전히 도움이 되지 못합니다. 사회 초년생, 30대, 40대에게 가장 필요한 것이 무엇인지 물어보면 모두 집이라고 말할 것입니다. 저는 부모들이 학원비에 지출할 비용을 차라리 자녀의 집을 장만하는데 사용하는 편이 더 나으니 그렇게 하시라고 감히 제안을 드리고 싶습니다.

49

교육이 바뀌면
경제도 살아난다

공식적으로 양도소득세를 오랜 기간 나누어 낼 수 있도록 법을 만들어 달라고 국회에 요구해야 합니다. 형편에 따라 미성년인 아이들에게 30년 원금분할상환으로 대출을 받아 집을 미리 사주고 학원비로 지출할 비용을 가족의 주택자금으로 사용한다면 아이들이 사회인이 되었을 때 30년이 넘는 대출 기간이 남는 것이 아니라 15년에서 20년 정도 대출 기간을 단축시킬 수 있습니다. 그 집을 월세로 임대를 한다면 아이들이 집을 필요로 하지 않는 기간 동안 이자는 임대소득으로 해결할 수도 있고 학원비로 지출할 돈으로 원금을 갚을 수 있기에 저축하는 효과가 있습니다. 자녀가 성장해서 독립을 하고자 할 때에 자신들이 소유한 집에서 시작을 하거나 매도와 매수를 통해 필요로 한 곳에 다시 집을 장만할 수도 있을 것입니다. 적어도 이 정도만 되더라도 우리 젊은 세대들은 집도 결혼도 포기할 이유가 없어질 것입니다.

부모가 수단과 방법을 가리지 않고 자녀를 학원 보내려고 마련한 비용을 자녀의 주택 구입에 쓴다면 우리는 좋은 선순환 구조로 많은 것을 바꿀 수 있습니다. 부모 세대도 미국처럼 자신의 삶을 위해서 주택을 사용할 수 있고 자녀도 부모 덕분에 주택을 소유하는 것이 쉬워집니다. 지금보다 더 생활이 안정될 것입니다.

방과 후에 아이들이 학원에 가지 않으면 시간이 많이 생겨서 부모와 함께 지내고 친구들과 어울려 놀 수 있는 시간이 늘어납니다. 지금보다도 더 인간다운 삶을 살 수 있습니다. 이렇게 가족이나 친구가 함께할 수 있는 시간이 늘어나면 소비가 촉진되고 고용도 창출될 것이며 또한 노후가 안정된 부모 세대가 후대를 위해 기꺼이 경제활동을 쉬고 여가를 즐길 수 있습니다. 그렇게 되면 젊은 세대들에게는 더 많은 일자리와 기회가 생길 것입니다. 젊은 세대들이 사회적 기업에서 일을 하는 것보다는 부모 세대들이 은퇴 후에 사회적 기업과 같은 공공성을 띄는 기업에서 후대를 위한 일들을 할 수 있는 분위기가 된다면 얼마나 좋겠습니까?

우리나라는 미국과 같은 부자 나라가 아니기 때문에 국가의 재정만으로는 복지국가가 될 수 없습니다. 자녀를 위해 이왕 투자하고 돈을 들여 무언가 해주고 싶다면 꼭 주택을 장만해 주는 것이 아니더라도 사회를 안정시키고 자녀의 미래를 직접 준비해 줄 수 있는 생산적인 일을 하는 것은 어떨까요?

자녀의 미래에 투자하고 싶다면 학원비를 어떻게 마련할까 고민하기보다는 대한민국 공교육을 어떻게 바꿀 것인지 고민해보고 동참할 수 있는 길이 무엇인지 찾아보는 것이 진정한 교육 투자입니다.

50

선행 학습의 득과 실에 대해 생각해보기

　4차 산업혁명 시대에는 다품종 소량 생산이 더 일반화되고 기업과 개인 간의 격차가 오히려 줄어들 것입니다. 물론 무엇이든지 할 수 있는 기회의 시대이지만 개인이 단번에 제품을 만들어 성공하기란 여전히 바늘구멍인 시대가 될 것입니다. 그래서 미래의 주역인 아이들은 실패를 거듭하면서도 그것을 경험으로 삼아 성공할 수 있을 때까지 견뎌내야 할 것입니다.

　지금 부모 세대가 예전보다 결혼하는 시기가 늦추어졌듯이 우리 아이들 세대는 고령화로 인해 사회에 진출하고 결혼하는 시기가 지금보다 훨씬 더 늦추어질 가능성이 높습니다. 그래서 아이들이 편안하게 많은 기회를 갖고 미래에 성공하기 위해서는 지금 부모 세대들이 경제적인 뒷받침을 해 주어야 할지도 모릅니다.

제가 이런 얘기를 하는 이유는 현재 선행 학습을 시키기 위해서 막대한 돈을 교육비로 지출하는 것에 대해서 곰곰이 생각할 필요가 있다는 것을 전하기 위해서입니다. 지나친 선행 학습은 경제적으로도 손실이지만 아이를 병들게 하는 것입니다. 아이들은 어려서부터 스스로 뭔가를 해보면서 성취감을 맛보아야 합니다. 이런 성취감이 있어야 흥미를 가지고 공부에 매진할 수 있습니다. 그런데 부모들은 지나치게 선행 학습을 시킵니다. 이것은 아이들의 학습 동기를 막는 원인이 될 수도 있습니다. 실제로 수업 시간에 집중하지 못하는 아이들 중에는 이미 다 배우고 온 내용이기 때문에 흥미를 못 느끼는 경우가 적지 않습니다.

그렇다고 아이에게 어떤 학습도 시키지 말라는 것은 아닙니다. 아이의 재능을 고려하지 않은 채 이것저것 선행 학습을 시키는 것이 무슨 의미가 있는지 생각해 보자는 것입니다. 정말 아이가 좋아하는 것, 재능이 보이는 것을 발견하여 거기에 초점을 맞춰 집중적으로 가르치고 지원하는 것이 현명한 부모가 할 일이 아닐까요?

아이들은 스스로 실패와 성공의 경험 속에서 자신만의 방법을 찾으면서 미래에 자신의 삶을 살아가게 될 것입니다. 선행 학습을 시키기 위해서 사교육비로 지출하는 돈을 오히려 아이의 20~30년 후를 바라보며 저축하여 아이들의 미래를 준비해 주는 것이 더 나을 수도 있습니다.

선행 학습에 너무 많은 돈을 지출하지 않기를 바라면서 독일의 사례를 소개해 드리고자 합니다.

독일은 세계 5위의 경제대국임에도 OECD 국가 중에서 교육 순위는 중하위권입니다. 독일 아이들은 초등학교에 들어가서 알파벳을 배우고 몇 가지 단어를 익히는데 자그마치 1년 동안 교육을 받습니다. 또 1부터 20까지 덧셈과 뺄셈을 수없이 반복하며 1년씩이나 교육합니다. 손가락을 사용하든 발가락을 사용하든 부모들은 지켜볼 뿐입니다. 구구단 같은 계산법을 미리 가르쳐주지도 않습니다. 그 이유는 더디더라도 아이 스스로 자기만의 방법을 찾는 것을 중요하게 생각하기 때문입니다. 이러한 이유로 독일에서는 절대로 하면 안 되는 것이 선행 학습입니다. 독일에서는 선행 학습을 다른 아이들이 질문할 기회를 빼앗는 것, 또한 교사의 수업권을 침해하는 것이라고 여깁니다.

독일 아이들은 시험을 보긴 하지만 학과 시험이 아니라 자격시험을 봅니다. 자전거 면허증, 수영 인명구조 자격증 등이 그것입니다. 자격시험을 보는 이유는 지식만큼 중요한 것이 안전과 여가이기 때문입니다.

독일의 교육 목표는 인간으로서 행복한 삶을 사는 것입니다. 독일의 교육자는 "우리의 교실은 한두 명의 뛰어난 사고보다 모두의 깊이 있는 사고를 원한다."라고 말하고, 독일의 부모들은 "경쟁 없이 공부해도 사는데 아무런 지장이 없다. 다 함께 사는 법을 가르치는 것이 결국 경쟁력 있는 교육이다." 라고 말합니다. 교육의 본질에 충실하면 학교 성적은 중하위권으로 밀려날지는 모르지만 세상에서 가장 경쟁력 있는 사람이 되는 것에는 의심의 여지가 없습니다.

51

부모들이 요구해야 할
공교육의 변화

1차부터 3차 산업혁명은 기계가 스스로 학습하거나 지식을 쌓을 수 있는 수단은 아니었습니다. 즉 기계는 단순히 인간의 노동력을 대체하는 것에 지나지 않았습니다. 그래서 서양에서는 기계가 하지 못하는 것을 아이들에게 가르치기 시작했고 지식기반 교육이 그때부터 생겨났습니다.

그 시기에는 수학이 중요했습니다. 물론 지금도 수학은 중요한 학문입니다. 그런데 오직 지식기반 교육에만 집중하다 보니 여러 가지 문제점들이 나타났습니다. 가장 큰 문제점은 교육받는 대부분의 아이들이 행복감을 느끼지 못했다는 것입니다. 그래서 서양에서는 좀 더 일찍부터 교육의 본질에 충실하려고 수리력을 연령대에 맞추어서 수업을 하고 수리적 사고를 기르는데 방점을 찍고 있습니다. 반면에 우리나라에서는 대학에서 전공자가 배우는 수학을 아이들이 좋은 대학 가겠다고 학원에서 배우고 있습니다. 이것을 보면서 서양의 전문가들은 무의미하고 무모한 일이라고 말합니다. 우리 아이들은 수학을 통해서 수리력이 생성되는 것이 아니라 반복 훈련을 통한 암기력만 높아지기 때문입니다. 이러한 선행 학습과 반복 학습 때문에 우리 아이들이 OECD 국가 중에서 응용력이 가장 낮습니다.

그런데도 우리나라는 아직까지도 지식기반 교육에 여전히 몰입하고 있고 교육의 질 또한 제자리걸음을 하고 있습니다. 때문에 불안한 부모들은 남들이 하고 있다는 맹목적인 이유 하나 때문에 불필요한 사교육에 아이들을 여전히 내몰고 있습니다.

국가도 교육을 개혁하려고 하고 교사도 교육을 바꿔보려고 하고 아이들도 지금의 교육 필요성을 느끼지 못하고 있는데 부모들만 공교육에 아무것도 요구하지 않기에 4차 산업혁명을 대비한 교육기반도 OECD 국가 중에서 상대적으로 매우 열악한 형편입니다.

인간은 누구나 배우고 싶어 하는 학습 욕구가 있습니다. 배움의 과정이 교육의 본질을 바탕으로 한다면 성장하는 과정도 충분히 즐기고 행복해할 수 있습니다. 저는 현장에서 아이들이 배우는 과정을 지켜본 결과 그것이 가능하다는 것을 확신할 수 있었습니다.

엄마, 학교 좀 바꿔 주세요!

부모들의 결단이 있으면 대한민국의 교육을 바꿀 수 있습니다. 지금 가장 중요한 시기가 찾아왔습니다. 특목고, 자율형 사립고 이런 곳에 자녀를 보내고 싶은 부모들은 지금도 열심히 학교를 유지하라고 모여서 주장을 하고 있습니다. 그래서 교육부에서도 고교 평준화를 하고 싶어도 쉽게 바꿀 수가 없습니다. 이런 부모들의 선택이 조금은 안타깝지만 적어도 이분들은 교육에 대한 자신의 소신이 있고, 그것을 지키려 애쓰고 있고, 교육정책에 관심을 가지고 있기에 영향력을 행사하고 있습니다.

그렇다면 아이가 이런 학교에는 보낼 성적이 안 되고 경제력이 안 되는 부모들은 교육부에 요구사항이 없는 건가요? 지금 우리나라 교육이 문제가 있다고 생각하는 부모들은 언제까지 이민 갈 생각만 할 건가요? 학원을 보내며 사교육비로 생활비의 3분의 1을 지출하는 부모들은 교육부에 요구사항이 없나요?

지금 대한민국 정부, 교육부는 교육을 개혁할 의지가 있고, 공교육 교사들도 교육을 개혁하고자 노력을 하고 있습니다. 그런데 신기하게도 교육열이 세계에서 가장 높은 대한민국 부모들은 언제부터인가 정형화 되어서 좋은 학원만 찾고 있습니다. 정부가 4차 산업혁명 시대에 대비해서 교육혁명을 하겠다고 하는데도 자율형 사립고를 유지하라는 목소리 말고는 다른 요구사항은 부모들로부터 들려오지 않습니다.

공교육 교사로서 부모님들에게 간절히 부탁드립니다. 모든 부모님들이 광화문에 나와서 "사교육이 필요 없는 교육을 하라!", "아이들이 적성과 소질을 찾을 수 있는 교육 프로그램을 만들어 달라!", "모든 교사는 인간미를 기르는 교육의 본질에 충실하라!" 이렇게 외쳐야 합니다. 이렇게 한 달만 외치면 대한민국의 교육이 바뀔 수도 있습니다.

저는 부모님들의 빠른 결단을 촉구합니다. 우리 아이들이 행복하게 교육받을 수 있는 기회가 하루라도 빨리 오기를 바라기 때문입니다.

52

억지로 외국어
공부를 시키지 마라

부모들에게 학원을 보내지 말라고 하면 당장 수학이나 영어 학원을 안 보내면 불안하다고 말합니다. 수학이나 영어 과외를 포기하면 정말 아이들이 도태될까요?

영어를 예로 들어 보겠습니다. 과거에는 외국어를 잘하면 많은 기회가 주어진 것이 사실입니다. 그런데 인공지능 시대에는 외국어 공부에 많은 시간을 들인 것에 비해서 좋은 기회가 오지 않을 것으로 보입니다.

얼마 전 호주의 한 스타트업이 IBM의 인공지능AI인 왓슨을 이용해 만든 실시간 통역 이어폰을 공개했습니다. 이 인공지능 통역기의 공식 명칭은 '트랜스레이트 원투원Translate One2One'입니다. 이는 이어폰 하나와 작은 트랜스미터로 구성되어 있으며, IBM의 왓슨을 이용해 들리는 목소리의 언어를 감지해 통역된 내용을 이어폰에 전송하는 원리입니다.

그런데 중요한 것은 이 인공지능 통역기는 사람이 계속 자료를 저장해 주어야 기술 개발이 이루어지는 방식이 아니라 인공지능이 스스로 동시통역을 하면서 수정해 가는 것이기 때문에 머지않아 아주 수준 높은 인간이 동시통역을 하는 수준에 도달할 것으로 보입니다. 이렇게 되면 동시통역 비용은 매우 저렴해질 것이므로 웬만해서는 사람한테 통역 일을 맡기기보다는 인공지능에게 일을 주게 될 것입니다.

그리고 국가와 국가 간의 언어 장벽이 상당 부분 해결될 것입니다. 이것은 일반인이 어떤 나라를 여행할 때 전혀 불편을 느끼지 않는다는 의미입니다. 비즈니스맨도 마찬가지입니다. 외국인과 비즈니스를 할 때 더 이상 비싼 비용을 지불하면서까지 통역자를 쓰거나 번역을 맡길 필요가 없습니다.

이것은 바꾸어 말하면 이제 외국어를 잘하는 것이 특별한 능력이 아니라는 것을 의미합니다. 외국어를 잘하면 좋겠지만 그 능력만으로는 더 이상 좋은 대우를 받으면서 좋은 직장에 다닐 수 있는 혜택을 누릴 수 없다는 것입니다. 자기가 정말 좋아서 하는 공부가 아니라면 외국어를 공부하는데 들어가는 시간과 비용과 노력은 일자리를 얻거나 스펙을 쌓는데 큰 의미가 없습니다. 그러므로 앞으로는 외국어를 습득하는 데 소요되는 시간과 비용과 노력을 자기가 정말 좋아하고 원하는 데에 쓰는 것이 합리적인 선택입니다.

일부 부모들은 한글도 잘 모르는 어린아이를 막대한 사교육비를 들여 영어, 중국어 학원에 보내고 있습니다. 교육 전문가들은 아이들이 언어를 익히며 문화를 이해하는 중차대한 시기에 외국어를 배우게 하면 이 시기에 확립되어야 할 정체성이 모호해진다며 상당히 우려하고 있습니다. 언어는 지식이 아니라 정서와 문화를 이해하는 중요한 교육이기 때문입니다. 오히려 이 시기에는 우리말을 더 깊이 공부하는 것이 미래형 엘리트 메타지식을 사용하는 인재가 될 수 있는 첫걸음입니다.

영어를 공부시키기 위해 조기유학을 보내며 아이와 부모가 떨어져서 사는 기러기 가족들이 있습니다. 영어를 얻기 위해 나머지 모든 것을 포기하는 것이 정말 합리적인 사고일까요? 아이와 부모가 교감하며 자연스럽게 배우게 되는 정서, 내가 태어나고 자란 곳에서 청년기를 지나면서 형성되는 정서, 의식주 문화 등은 몇 년 만에 생성되어지는 것이 아니라 20년 이상 연속적으로 지속할 때 자연스럽게 형성되는 중요한 시간의 미학 교육입니다. 한국에서 또는 자신들이 태어난 나라에서 고등학교쯤에 기숙형 학교에 보내는 것과는 큰 차이가 있습니다. 어린 나이에 환경도 다르고 문화도 다르고 정서가 다른 나라에서 아이가 스스로 적응하기를 바라는 것은 한글도 안 가르친 아이에게 수학 문제를 풀 수 있기를 바라는 것과 같습니다. 영어를 위해서 아이들에게 이런 극단적인 환경을 만들어 주는 것이 과연 내 아이의 미래를 위해서 도움이 되는 행동인지, 아이에게 너무 많은 짐을 지워 준 것은 아닌지 생각해 볼 문제입니다. 언어를 습득하는 데에 막대한 비용과 희생을 감수할 수 있다면 차라리 확신할 수 없어도 그 에너지를 미래 핵심 역량을 키우는 데 쏟는 것이 어떨까요? 그러면 적어도 가족이 떨어져서 사는 가족상잔의 비극은 일어나지 않을 것이며, 정체성의 혼란도 일어나지 않을 것입니다.

아직도 영어가 내 아이에게 기회를 준다는 믿음에는 변함이 없는 건가요? 영어에 너무 많은 시간과 비용을 들여서 내 아이가 다른 역량을 키우는 데 결핍이 생기고 4차 산업혁명 시대에 도태된다면 그 결핍을 무엇으로 채우겠습니까?

미래 핵심 역량과 정서교육은 시기가 있습니다. 태어나서 20세가 될 때까지가 골든타임입니다. 영어는 20세가 넘어서도 굳이 필요하다면 공부해서 얻을 수 있지만, 정서와 미래 핵심 역량은 그 시기가 지나면 생성되기가 어렵습니다. 언어발달 시기는 언어를 잘 형성할 수 있는 좋은 시기니까 영어를 교육하라는 것이 아니라 모국어를 잘 공부해서 정서를 잘 함양하는 것을 의미합니다.

53

영국 본머스에서
배우고 느낀 것들

저는 11년 전 겨울방학 기간에 영국의 해안도시 본머스에서 한 달 간 지낸 적이 있습니다. 이때 영국의 교수방법과 문화를 접하고 싶어서 영어연수 전문어학원 한 달 코스를 수강했습니다. 수업은 대부분 토의와 토론으로 이루어졌습니다. 큰 주제 아래 몇 가지 작은 문제들을 질문하고 그것에 대해서 이야기하는 식이었습니다. 저는 쓰기와 문법 실력은 갖추었지만 말하기와 듣기는 같은 클래스에 있는 사람들보다 상대적으로 못했습니다.

제가 교사로 일하다 보니 교재와 강사들의 수업 방법도 눈여겨보게 되었습니다. 제가 중학교 때 배운 문법을 공부했는데 한국에서는 한 시간 공부하면 배울 수 있는 개념을 거의 2주 이상 반복적으로 가르쳤습니다. 개념으로 설명하고 암기하는 방식이 아니라 다양한 상황에 적용하고 연습하고 표현하는 훈련을 했습니다. 이렇게 공부하니까 한 번 시험보고 나면 잊어버리기 쉬운 문법 지식이 어느 순간 이해가 되면서 지식이 아닌 하나의 사고로 자리 잡는 경험을 하게 되었습니다.

당시 어학원에는 대학을 갓 졸업한 스페인 젊은이들이 많았습니다. 수업 시간에 그 이유를 물어보니 스페인의 경제상황이 나빠서 청년들이 취업을 못하자 일자리를 찾을 겸 공부하러 왔다고 했습니다. 어학원에는 리비아에서 온 아이들도 많았습니다. 적극적으로 학습을 하기에 이유가 궁금해서 물어보니 리비아에서는 이공계로 전공을 선택하면 1년간 어학연수 비용을 지원하고 대학원시험에 합격하면 학비도 준다고 했습니다. 그 말을 듣고 리비아가 IT 산업 육성을 위해 인재들을 키우고 있다는 것을 실감할 수 있었습니다.

저는 영국 문화를 알고 싶어서 홈스테이를 신청하여 일반적인 영국 가정집에서 머물렀습니다. 아침과 저녁을 같이 먹으면서 자연스럽게 영국인들의 평범한 일상을 알게 되었습니다. 나라와 인종은 다르지만 인간은 기본적으로 비슷한 욕구를 가지고 있고 비슷하게 살아간다는 것을 느꼈습니다.

옆방에는 일본에서 온 연수생이 홈스테이를 하고 있었는데 그 사람의 직업은 택시 기사였습니다. 그 회사에서는 기사들의 영어 실력을 향상시키려고 2달 정도 연수를 보내준다고 합니다. 주로 외국인을 대상으로 관광을 안내하는 역할을 하는 것 같았습니다. 그분의 영어 실력은 괜찮은 편인데도 남다른 노력을 하는 모습이 인상적이었습니다.

또 다른 한 명은 터키에서 온 영어 강사였습니다. 영어 수준이 높

236

았는데 방학을 이용해서 공부하러 왔다고 했습니다. 터키에서는 영어 실력이 굉장히 중요한데, 부모들의 교육열이 높고 영어 유치원 같은 교육기관이 늘어나서 영어 강사가 인기 있는 직업이라고 했습니다.

저는 주말에는 견문을 넓히려고 이곳저곳을 돌아다녔습니다. 어학 원 사람들과 옥스퍼드대학을 견학하고, 버스와 배를 이용해서 2박 3 일 동안 프랑스 파리에 다녀오기도 했습니다. 여행 중에 임신한 콜롬 비아 여자를 만났는데 미혼모라고 했습니다. 그녀와 세느 강 유람선 을 타고, 에펠탑에도 오르고, 노트르담 성당, 베르사이유 궁전도 다녀 오고, 식사도 같이했습니다. 그녀가 자신의 삶의 철학을 분명하게 밝 히는 모습이 매우 인상적이었고 아름답게 느껴졌습니다.

세 번째 주말에는 암스테르담과 벨기에에 다녀왔습니다. 이 여행에 서 한국의 여교수님을 우연히 만났는데, 독일에서 오랫동안 유학생활 을 하고 한국에 있는 대학에서 학생들을 가르치다가 다시 연구교수로 영국에 오게 되었다고 했습니다. 그분과 고흐박물관에 가서 그림을 함께 감상했습니다. 다음 날에는 벨기에 브뤼셀로 이동했습니다. 그 곳은 도시 전체가 중세시대를 그대로 재현하고 있었습니다. 마치 타 임머신을 타고 그 시대로 온 듯한 환상을 불러일으켰습니다.

저는 이렇게 한 달 동안의 안식월을 마치고 다시 일상으로 돌아왔 습니다. 저는 여행을 통해 세상 사람들이 차이점보다는 공통점으로 묶여 있다는 것을 배웠고 세상을 보는 시야가 더 넓어졌습니다. 좀 더 어린 나이에 이런 경험을 했더라면 세계관이 많이 달라졌을 것입니 다. 그러면서 대학 진학을 목표로 공부에 매진하고 있는 우리나라 아이들이 잠시라도 넓은 세상에 나가서 의미 있는 경험을 하면 참 좋겠다는 생각을 하게 되었습니다.

여행 사이트 트렉스플로러Treksplorer의 에디터 라이언 오루크는 '대학에서는 절대 배울 수 없는 여행의 교훈 6가지'를 말했는데, 저는 그중에서 이 말이 가장 가슴에 꽂혔습니다.

"여행은 인간을 변화시킨다. 여행은 소극적인 성격을 적극적으로 바꾸고 패기 없는 사람을 자신감 있는 사람으로 변화시킨다. 여행은 자신의 육체적, 정신적 한계를 시험하며 불편하고 낯선 환경에 빨리 적응하게 한다. 자신이 정말 어떤 사람인지 알고 싶다면 여행을 떠나라!"

54

인간의 감정과 정서에
더 관심을 가져야 한다

저는 미국 뉴욕에서 두 번째 안식월을 보냈습니다. 영국 본머스에서는 '영어공부와 영국 문화 알기'가 목적이었다면 뉴욕에서의 안식월은 '뉴요커 되기'에 초점을 맞추었습니다.

뉴욕의 첫인상은 '끊임없이 움직이는 곳'이었습니다. 그래서 저도 한 달간 같은 패턴으로 일상을 살아보았습니다. 아침에 일어나서 조깅하기, 센트럴파크에서 책 읽고 도시락 먹기, 박물관과 미술관 다니기, 마트에서 장을 보고 음식 만들기, 유명한 칵테일 바, 레스토랑 가기, 지하철 타고 해변에 가서 해수욕하고 핫도그 사 먹기, 도서관에 가서 공부하기. 지금 생각해도 너무 재미있는 일상이었습니다. 이런 걸 보면 행복은 멀리 있지 않는 것 같습니다. 우울할 때 카페에서 달달한 카라멜마끼야토 한 잔을 마시면 기분이 좋아지는 것처럼.

사실 뉴욕에 가기 전까지 저는 일 중독자처럼 살았습니다. 잠시라도 뭔가 생산적으로 시간을 보내지 않으면 못 견디고 불안해하고 공허했습니다. 그래서 항상 바쁘고 분주하게 시간을 보냈습니다. 몸과 마음이 많이 피곤하고 지쳐 있는 것도 몰랐습니다. 그 당시 제 모습을 다시 떠올려보면 성실하고 바쁘기는 했지만 창의적으로 일을 하지는 못했던 것 같습니다.

역시 바쁘게 움직이는 뉴욕에서 저는 사람들의 시선을 의식하지 않는 자유를 얻게 되면서 저만의 한가함과 여유를 즐기게 되었습니다. 센트럴파크에 가서 담요를 깔고 누워 사람들을 구경하다 잠이 들기도 했습니다. 깨어나면 미리 포장해 간 도시락을 먹고 책을 읽었습니다. 이렇게 목표 없는 일상을 보냈는데 이상하게도 마음이 편안했습니다. 그러면서 삶에는 여유가 필요하고 쉬는 게 꼭 게으른 것은 아니란 것을 깨달았습니다.

저는 한 달간 재충전의 시간을 갖고 학교로 돌아왔습니다. 의욕도 되찾고 업무능률도 훨씬 더 향상되었습니다. 일상의 패턴을 벗어나서 새로운 패턴으로 살아보는 것은 어떤 이유로든 인생에서 소중한 경험일 수 있습니다.

저는 뉴욕에 있을 때 한국에서 온 유학생 세 명이 함께 사는 아파트에서 지냈습니다. 한 친구는 LA에서 유학 온 여자아이였는데 첼로를 전공한다고 했습니다. 그 아이는 초등학교 5학년 때 가족과 함께 이민을 왔는데, 한국말을 잘했고 한국의 정치, 경제, 드라마, 영화 등을 잘 알고 있었습니다. 처음에는 한국인으로서 그 아이가 자랑스러웠는데 친구들이 대부분 한국인이라는 것을 알게 되었습니다. 영어도 잘 구사하고 첼로 연주도 수준급이었지만 어딘지 모르게 미국 사회에 완전히 동화되지 못하고 있는 모습에서 공허함을 느꼈습니다.

우리는 언어로 의사소통을 거의 한다고 생각하지만 사실은 정서로 소통을 합니다. 그래서 한국 정서를 가지고 있는 그 아이는 미국에 와서도 한국 사람이 더 좋고 편했던 것입니다. 미국 친구들과 대화는 하지만 정서적 소통이 되지 않기 때문에 가깝게 지내는 것이 쉽지 않다고 속마음을 털어놓았습니다.

한국인이 영어를 잘하고 좋은 학교를 졸업하면 미국에서 취직이 잘될 거라 생각하기 쉽지만 의외로 정서적 소통이 안 되기 때문에 취업을 하지 못하거나 취직이 되어도 금방 정리해고가 된다든지 아니면 승진의 한계성을 보이는 것이 사실입니다.

미국은 가족문화가 중심이 되는 나라입니다. 5세 이전에 가족이 모두 미국에 가서 교육을 받는다고 해도 부모가 미국인 정서를 가지고 있지 않기 때문에 아이들이 미국에서 온전한 미국 정서를 담지 못하는 경우가 허다합니다. 그러니 아이들만 유학을 보내서는 그 나라의 정서를 담을 수 있는 교육을 받기는 거의 불가능합니다. 이런 정서적 교육의 중요성을 모르는 부모들은 영어만 잘하면 미국 사회에서 많은 기회가 주어질 것이라 생각하고 유학을 보내는데 교포 사회의 취업률은 매우 저조합니다. 게다가 어린 나이에 유학을 가서 한국의 정서를 배우지 못한 아이는 한국에 돌아와서도 자신이 속할 수 있는 그룹이 없고 정서가 달라서 사람들과 소통하기가 힘들고 어울릴 수도 없어서 고립된 삶을 살게 될 확률이 높습니다.

언어 공부는 지식을 습득하는 것이 아니라 정서를 습득하는 과정입니다. 언어를 습득하는 시기에 정서가 만들어지기 시작합니다. 정서가 만들어지는 시간은 길고 천천히 완성됩니다. 그런데 이런 시기에 정서적 환경 변화를 주면 두 그룹의 정서가 생기는 것이 아니라 양쪽 모두 정서가 불완전하게 만들어져서 정서적 교감에 한계를 갖게 됩니다.

미국 사람들이 한국 교포를 대하는 것이나 한국 사람이 한국에서 지내고 있는 외국인들을 대하는 것이 같습니다. 그래서 미국 주류 사회에 들어가기가 쉽지 않으니 교포끼리 모여서 살게 됩니다. 미국의 많은 이민자들은 그렇게 각자의 나라와 문화권에 따라 모여서 지내고 있습니다. 그래서 미국 이민자들은 의외로 고립된 삶을 사는 경우가 많습니다. 그래서 외국에서 생활하는 동포들이 한국을 그리워하고 한국 방송을 보고 관심도 많은 것입니다.

이처럼 정서란 것이 삶에서 차지하는 비중은 매우 큽니다. 정서적 교감은 눈에 보이지 않는 문화와 전통, 환경과 그 속의 상호작용에 의해 가능하다는 것을 깊이 이해해야 합니다. 그래서 더더욱 4차 산업혁명 시대의 교육은 인간의 감정과 정서에 더욱 관심을 가져야 한다고 말하는 것입니다.

8장

1년간
전환학년제로부터의
교육혁신

인간다움을 살리는
교육이 절실하다

저는 교육 현장에서 공교육 교사로 20여 년간 아이들을 가르치면서 현 교육체제의 한계성을 적잖이 경험했습니다. 그래서 일선 교사의 작은 몸부림일 수도 있지만 좀 더 의미 있는 교육을 펼쳐 보려고 9년 전에 서울시 교육청 산하 고교 자유학년제 오디세이학교에서 색다른 방식으로 아이들을 만났습니다.

제가 교육의 본질을 추구하기 위해 민관협력형 자유학년제 학교로 파견되자마자 때마침 4차 산업혁명의 서막이 올랐습니다. 저는 미래의 주역으로 살아가게 될 아이들에게 의미 있는 교육이 무엇인가에 대한 문제의식을 갖게 되었고 자연스럽게 교육 일선에서 그 해답을 찾았습니다.

제가 오디세이학교에서 아이들의 길잡이 역할을 하면서 학부모들에게 가장 많이 듣는 말은 이런 것이었습니다.

"교육과정이 좋긴 한데, 현실적으로 대학 입시에는 도움이 되지 않는 것 같습니다. 우리 아이만 도태될까 봐 두려워서 선뜻 선택하기가 쉽지 않았습니다."

"오디세이학교의 교육과정이 아이들을 변화시키고 행복하게 해 준 것은 인정합니다. 하지만 기존 교육 시스템이 변하지 않는 상황에서 1년간 수업을 마치고 학교로 돌아가는 아이가 잘 적응할 수 있을까요?"

물론 교사로서 부모들의 마음을 조금은 이해하고 있습니다. 처음에 부모들에게 이런 말을 들었을 때 뭐라고 답변을 드려야 이해가 빠를지 고민했습니다.

저는 오디세이학교에 자녀를 보낸 부모들에게 "아이들이 급변하는 세상에서 자기 삶을 주도적으로 살아갈 수 있는 힘을 조금이라도 키운다면 어떤 상황에서든 자기가 진정 하고 싶은 공부를 하면서 자신의 길을 찾아나갈 것입니다."라고 말씀드렸습니다.

제 말을 듣고 일부 학부모들은 반신반의했습니다. 그러나 저에게는 4차 산업혁명의 물결이 교육혁신에 대해서 확신을 갖도록 선물처럼 다가왔기 때문에 자신 있게 말할 수 있었습니다.

현재 인간이 하는 대부분의 일을 인공지능이 대체하게 될 4차 산업혁명은 자연스럽게 교육의 변화, 즉 인간 중심의 교육 본질로 돌아갈 수 있는 선물입니다. 이제는 부모가 아이를 교육할 때 공교육 시스템에만 맡기면 불안해서 사교육을 시키고, 그러면서도 남들이 하는 것을 해주지 못해서 불안해하는 일은 없어야 합니다. 그것은 오히려 시대에 역행하는 일입니다. 1차~3차 산업혁명 시대에는 대량생산체제를 뒷받침할 수 있는 교육에 주안점을 두었기에 인간다움과 창의성을 살리는 교육을 제대로 할 수 없었지만 이제는 아이들이 배우면서 행복해할 수 있는 제대로 된 교육의 기회를 마련해야 할 때입니다.

56

오디세이에서 삶의
의미와 방향을 찾다

'오디세이'란 말은 그리스 신화에서 온갖 위협과 유혹을 물리치고 죽을 고비를 넘기며 고향으로 돌아온 영웅 오디세우스를 가리킵니다.

서울시 교육청이 도입한 새로운 교육과정인 오디세이학교는 성장의 전환기를 맞은 고교 1학년 학생들에게 입시 경쟁과 교과 중심의 교육에서 벗어나 1년 동안 자신의 삶과 미래에 대해 성찰하며 배움과 삶의 주체로 성장하기 위한 교육과정을 제공하는 학교입니다. 1년 동안 자유로운 사고와 성찰, 도전과 체험의 기회를 제공하는 공교육의 새로운 혁신 모델입니다.

학생들은 오디세이학교에 대해서 "고1이 아닌 내 삶을 열일곱으로 사는 곳", "'왜?'라는 질문을 하는 곳", "내가 가고 있는 길을 잠시 생각할 수 있는 휴게소", "공부 빼고 모든 것을 다 하는 곳, 그것이 진짜 공부임을 알려주는 학교"라고 말하고 있습니다.

'오디세이? 거기 가면 뭐 배워?'라는 제목으로 오디세이 2기 아이가 쓴 글이 있는데 그 어떤 글보다도 오디세이를 진정성 있게 설명하고 있는 것 같아 소개해 봅니다.

저에게 오디세이학교는 '학생 모두가 100점인 학교'입니다. 공부를 잘 하지도 못하지도 않는 애매한 성적의 아이였던 저는, '아이들 모두가 100점인 학교'가 있었으면 좋겠다고 생각했어요. 하지만 성적으로 평가하고, 평가받는 중학교에서 어느새 저도 성적으로 친구들을 판단하는 비겁한 아이가 되어 갔어요. 우리는 모두 같은 사람이고 소중한 존재인데 말이죠.

이런 생각 끝에 저는 오디세이학교에서 고등학교 1학년을 보내기로 선택했습니다. 오디세이학교를 다니면서 가장 많이 받는 질문은 "2학년 때 다시 학교로 돌아가기 두렵지 않니?"라는 것입니다.

"네, 당연히 두렵습니다."

하지만 여기서 중요한 것은 제가 그 두려움을 안고서도 오디세이학교에 다니는 분명한 이유가 있다는 거예요. 저에게 오디세이학교의 배움들은 일반학교에서 배우는 수업과 조금은 다른 삶의 가치와 스스로 생각할 수 있는 시간을 갖는 과정이었습니다. 자전거, 목공, 음악, 영상 등 여러 수업을 하지만 이걸 배우려고 다니는 건 아니에요.

"저는 오디세이학교에서 생각하는 방법을 배웠습니다."

스스로 생각하는 법을 배우고, 사회와 나의 연결성을 깨달으면서 저는 공부가 하고 싶어졌습니다. 진짜로 제가 하고 싶은 공부를 찾게 된 것이죠. 그래서 제게 오디세이학교에서의 1년은 제가 하고 싶은 것과 길을 찾아가게 된 배움의 과정이었습니다.

이처럼 '삶의 의미와 방향을 찾는 오디세이학교'는 학교 이름 앞에 붙어 있는 수식어처럼 대한민국 서울에 사는 청소년들에게 일정 시기에 삶의 전환을 도모하는 1년이라는 기회를 주는 것을 목적으로 설립되었습니다. 그 경험은 물론 자신이 다니는 학교 밖에서 이루어집니다. 그러나 제도권 교육의 울타리 안에서 선택할 수 있습니다. 서구에서는 일찍부터 청소년들이 대학 진학이나 사회 진출을 미루고 1~2년씩 진로 탐색과 쉼의 시간을 가져왔고 교육적 성과도 증명되어 온 점에 미루어 보면, 입시를 향해 맹렬히 앞만 보고 달리는 우리 아이들에게 잠시 한눈을 팔 수 있는 기회를 제도적으로 보장해 주는 오디세이는 뜻밖의 선물일 수 있습니다.

특히 창의적 교육과정과 체험활동에 있어서 선경험이 풍부한 대안교육기관과 협력하여 위탁하는 방식으로 운영되어, 대규모 학교 체제인 공교육에서는 실천하기 어려웠던 교육활동이 활발하게 이루어질 수 있는 장점도 살리고 있습니다. 그동안 경직된 공교육 체제에서 다양한 경험을 해보지 못한 아이들이 자신을 재발견할 수 있는 좋은 기회이기에 아이나 부모들이 십분 활용할 가치가 충분하다고 생각됩니다.

57

충분히 쉬어야
에너지가 나온다

저는 몇 년 전에 신문에서 이런 기사 내용을 보았습니다.

'현재 청소년들이 살아갈 세상에서 전성기는 60~70대일지도 모른다. 20대 초반에 아이들의 삶이 결판날 것처럼 생각하지 않아도 된다는 뜻이다. 충분히 쉬어 본 데서 나온 에너지가 아이의 내면을 바꿀 수 있다.'

아이를 키우던 한 전업주부가 너무 빨리 달리기만 하는 우리나라 교육 현실에서 위와 같은 생각을 하게 되었고, 그러면서 아이를 잠깐 쉬게 해주는 것도 괜찮겠다 싶어졌다. 중학교에서 고등학교로 올라갈 때, 또는 고등학교를 졸업한 뒤 1년여를 쉬면서 자신을 돌아보고 진로를 탐색한다는 아일랜드 전환학년제나 영국 갭이어Gap Year 프로그램 등의 얘기를 들은 뒤 이런 생각이 더 강해졌다.

그 당시에는 우리나라에 오디세이학교 같은 형태의 학교가 없어서 자신의 자녀를 그냥 집에서 자유롭게 쉬도록 하였던 것 아니었을까요?

그렇게 1년을 쉬는 동안 아이는 대단한 일을 한 것이 아니다. 처음엔 이참에 진로를 좀 찾아봤으면 하는 부모 욕심도 있었지만, 아이는 그저 집에서 놀 뿐이었다. 아빠가 출장 갈 때 가끔 여행 삼아 동행하는 정도가 특별한 이벤트였다. 남은 시간에는 집에서 설거지도 하고 강아지도 돌보면서 대부분의 시간을 잠자는 것으로 때웠다. 오죽하면 아이 스스로 '너무 잠을 자서 피부가 좋아졌다'고 할 정도였다.

이 기사를 읽으면서 저는 아이를 믿고 1년을 온전히 쉬게 한 어머니의 인내심과 선택에 놀라움을 금치 못했습니다. 그리고 궁금해졌습니다. 그래서 그 아이는 어떻게 되었을까요?

그랬던 아이가 지금은 고3 입시생이 되어 있다. 그 1년이 아이에겐 과연 어떤 의미였을까? 최근에 한 인터뷰에서 아이는 이렇게 말했다. "보이진 않지만 내면의 변화가 있었어요. 1년이 통째로 비면서 가족과 보내는 시간이 많아지고 가족과의 관계도 좋아졌어요." 그러면서 이런 말도 했다. "내 사춘기 감정을 혼자 소화해내면서 내 감정이 어디서 오는지, 내가 어떻게 생각하는 사람인지 저 자신을 이해하고 제 정체성을 형성하는 데 도움이 됐어요."

쉬는 데도 용기가 필요하다. 사실 우리 가족 또한 아이가 1년 방학을 끝낸 직후에는 '우리가 잘한 건가?', '1년을 너무 느슨하게 보낸 것 아닌가?' 싶기도 했다. 그렇지만 시간이 흐를수록 계량화할 수 없는 그 어떤 성과가 있었음을 느낀다. 이제 스무 살이 된 아이는 또래들과 확연히 다르다. 그것은 아마 충분히 쉬어 본 데서 나온 에너지일 것이다.

오디세이에서 1년을 보낸 아이들도 자신을 재발견하고 자신의 삶을 스스로 만들어 갈 수 있는 에너지를 얻어서 학교로 또는 정규 학교는 아니지만 각자가 선택한 다른 선택의 시공간에서 적응하고 자신만의 길을 만들어 가고 있습니다. 아이들은 자신이 선택한 길이 꽃길, 평탄한 길이 아닐 것이라는 것도 압니다. 그러나 자신이 선택했기에 기꺼이 즐겁게 그 길을 가겠다고 생각합니다. 이런 것을 볼 때 저는 '옳구나! 확실하구나! 맞구나! 바꿀 수 있구나!'라는 생각이 듭니다. 그리고 이런 학교들이 확장되어 대한민국의 보다 많은 아이들에게 인생에서 한 번쯤은 꼭 경험해 볼 수 있는 기회가 주어지길 바랍니다.

오디세이학교는 지식 교과 위주의 수업을 하지 않습니다. 하지만 오디세이학교에서 이룬 내적인 성장을 바탕으로 주도적으로 자신의 일상과 학업을 꾸려가며 자기 역량을 발휘하는 수료생의 모습을 확인할 수 있습니다. 수료생들은 복교 후에 주체적 학습태도를 보이며 학업 성취도가 높은 것으로 나타나고 있습니다.

더 넓은 세상을 경험하기 위해 갭이어 생각해보기

영국의 윌리엄 왕세손 부부는 9년간 연애를 하고 2011년 4월에 결혼했습니다. 이 결혼은 350년 만에 순수왕족과 평민의 결혼식이라고 불리우며 여성들의 큰 관심을 사기도 했습니다. 윌리엄과 그의 아내 케이트 미들턴의 공통점은 고등학교를 졸업하고 대학을 입학하기 전에 갭이어gap year를 보낸 것입니다. 갭이어는 영국에서 고등학교를 졸업한 후 바로 대학에 진학하지 않고 1년 동안 쉬면서 다양한 경험을 쌓는 것입니다.

윌리엄은 2000년 여름에 이튼 학교를 졸업한 뒤 갭이어를 가졌습니다. 그는 갭이어 기간 동안 남아메리카 벨리즈에서 영국 군사 훈련에 참여했고, 10주 동안 칠레에서 롤리 인터내셔널 프로그램에 참여하여 영어 교육 자원봉사 활동을 했습니다. 또한 다양한 아프리카 나라와 영국에서 팜스테이를 하면서 갭이어를 보냈습니다.

그의 아내 케이트 미들턴 역시 고등학교를 졸업한 후 갭이어 기간에 요트 강습을 받았고, 윌리엄이 갭이어를 지낸 칠레의 롤리 인터내셔널 프로그램에 참여하여 봉사활동을 했습니다.

영국에서는 많은 청소년들이 세상을 두루 경험하기 위해서 갭이어를 하고 있습니다. 우리 아이들에게도 더 넓은 세상을 경험하기 위해 갭이어를 해보는 건 어떨까요?

58

'직업'이 아닌 '삶'을 찾는 진로교육

진로교육하면 떠오르는 것이 "너는 커서 무엇이 되고 싶니?"라는 질문입니다. 어린아이 때부터 부모나 교사, 친척 어른들에게 이 질문을 수도 없이 들었습니다. 그럴 때마다 확실하게 답을 하지 못하면 꿈이 없고 아무 생각 없이 사는 것처럼 보이고, 대통령, 판사, 의사 같은 직업을 말하면 어른들은 머리를 쓰다듬으면서 꼭 그런 사람이 되라고 했습니다.

아이들에게 진지하게 자신의 미래를 생각해 볼 기회는 적었던 것이 사실입니다. 이제는 질문을 바꿔야 합니다. '커서 뭐가 되고 싶으냐?'가 아니라 '커서 뭘 하고 싶으냐?'로 말입니다. 진로교육의 목표는 남들에게 인정받는 직업을 선택하는 과정이 아니라 자신이 진정 원하고 희망하며 살고 싶은 인생의 길 찾기입니다. 그것은 자신의 내면에서

부터 시작되는 일입니다.

오디세이학교에 온 아이들은 자신의 진로, 꿈을 찾기 위해 왔다고 진학 이유를 듭니다. 그런데 1년 동안 이 학교에 다닌다고 해서 아이들 스스로 자기 진로를 결정하지는 못합니다. 그것은 자기 스스로 한 번 결정한다고 해서 이루어지는 것도 아니고 그 진로가 진정 아이가 원하는 것인지도 미지수입니다.

저는 아이들이 정말 원하는 것이 무엇인지 알아가도록 여러 가지 경험을 하게 하고 교육적 방법으로 도움을 주고 있습니다. 진로는 누군가 제시해 주는 것이 아니라 스스로 찾아가는 과정이기 때문입니다. 아이들은 경험을 통해서 배웁니다. 특히 목적이 있는 경험에서 살아가는 데 필요한 교훈을 얻습니다.

오디세이학교에 온 아이들은 자기 진로를 찾고자 하는 목표가 뚜렷해서인지 이곳에서 많은 것을 경험할 때 집중력이 높습니다. 교육과정에서 아이들은 자신이 무엇을 좋아하고 싫어하는지 분별하게 됩니다. 여기서 길러진 집중력과 판단력은 오디세이 과정이 끝나더라도 삶의 많은 부분에서 도움이 될 것입니다.

물론 1년 동안의 교육과정만으로는 완전한 진로교육이 되지 않습니다. 다만 이 과정을 마친 아이들이 자연스럽게 자신의 길을 찾아갈 수 있도록 오디세이 전체 교육과정에 그것이 녹아 들어가게 했습니다. 그 결과 더 깊이 있는 사고의 과정을 거쳐 1년 후에는 아이들 각자가 자신의 직업이 아닌 인생의 길을 찾아가게 되는 힘을 얻게 되는 것 같습니다.

59

4차 산업혁명 시대를
대비한 진로교육의 방향

4차 산업혁명 시대는 이미 과정 속에 있지만 앞으로 어떻게 전개될지 누구도 구체적으로 알지는 못합니다. 특히 현실적인 직업 측면에서 보면 앞으로 사라질 일자리는 예측이 가능하지만 새롭게 생겨날 일자리는 누구도 쉽게 이야기하기 어렵습니다.

이런 시대에서는 기성세대처럼 일찌감치 장래희망을 정해 놓고 성실하게 준비하는 것이 의미가 없습니다. 그렇게 하라고 가르치면 오히려 안 되는 시대입니다. 지금 성장하고 있는 아이들은 일생 동안 10가지 이상의 직업을 가지게 될 수도 있습니다.

현재 일반 학교에서는 진로교육이 매우 중요한 교육과정으로 인식되고 있습니다. 학교에 진로 상담을 하는 전담 교사가 있고 진로교육 시간도 배정되었습니다. 또 자유학기제를 통해 다양한 직업을 체험할 수 있는 기회도 아이들에게 제공하고 있습니다. 예를 들어 네일아트나 바리스타, 제빵사와 같은 아이들이 좋아하는 직업군의 기술 등을 간단하게 체험해 볼 수 있습니다. 또는 만화가, 변호사, 기자 등의 특정 직업인이 와서 자신의 직업에 대해 설명해 주기도 합니다.

그러나 대다수의 아이들은 자신이 진정 원하는 직업을 분명하게 알지 못하는 것에 대해서 불안해합니다. 그런 자신을 정상적이지 않다고 생각하는 아이도 있습니다. 또 여러 가지를 하고 싶어 하는 아이는 그것이 욕심이 많은 것처럼 여기기도 합니다. 아직 어린 나이이고 하고 싶은 게 많은 것이 당연하고 지극히 정상적인 것인데도 말입니다.

4차 산업혁명 시대를 대비한 진로교육은 정형화된 직업군을 직·간접적으로 경험하게 해서 아이들에게 선택의 기회를 주는 방식이어서는 안 됩니다. 오랜 시간 일상에서 학교에서 여러 경험을 통해 스스로 자기가 좋아하는 것, 원하는 것, 이루고 싶은 것들을 강박관념 없이 편안하게 찾아가는 방식이어야 합니다.

60

멘토를 찾아 떠나는 여행

오디세이학교에는 '멘토 찾기 여행'이 있습니다. 이것은 '어떻게 살 것인가?'라는 삶에 대한 물음으로부터 시작됩니다. 아이들은 지난 학기 동안의 활동을 돌아본 후 스스로 중요하다고 생각하는 가치를 정하고, 추상적으로 느꼈던 가치에 대해서는 멘토링 해줄 수 있는 분이나 장소 등을 찾아 여행을 떠납니다.

아이들은 다양한 삶과 경험을 가진 멘토들 중에 자신이 멘토로 삼을 만한 분을 인터넷, 책 등을 통해 검색한 다음 직접 연락하고 섭외합니다. 멘토가 기꺼이 동참하겠다고 허락을 하면 멘토를 만나 자기가 생각하는 가치에 대해서 공유하고 토론하며 조언을 듣습니다.

학교라는 울타리를 벗어나 낯설고 새로운 여행지에서 교육과정을 진행하기도 합니다. 그래서인지 아이들은 수용하려는 마음가짐이 달라지고 멘토와 토론할 때 이해의 폭이 훨씬 넓어지는 장점이 있습니다. 다소 지루할 수 있고 어렵다고 느낄 수 있는 가치들에 대해 공부를 할 때도 억지로 하지 않고 즐겁게 자발적으로 합니다.

그렇게 '멘토 찾기 여행'을 마치고 돌아온 후 아이들은 각자 발표를 하면서 자신이 생각하고 보고 듣고 느낀 것을 공유합니다.

이 교육활동은 단순한 수학여행이나 친척집 방문 같은 것이 아니라 아이들이 실제로 학습할 수 있도록 처음부터 의도적으로 기획된 여행이어서 학습 효과가 높고 자신의 진로를 찾는 데에도 많은 도움이 되고 있습니다.

61

인턴십은 꼭 필요한
미래 진로교육

오디세이학교에는 인턴십 과정이 있습니다. 다양한 진로를 설계하고 직업을 체험해보는 과정입니다. 이 과정은 '자기를 탐색하고 일의 실행 과정을 알아가기', '다양한 직업인들을 만나 진로에 대한 시각 넓히기', '실제 직업 현장에서 일의 과정을 경험해보기' 등으로 짜여 있습니다.

인턴십은 여러 협력기관과 사회적 기업에 가서 아이들이 평소 경험하지 못했던 것, 흥미가 있었던 것, 혹은 멘토 찾기 여행에서 생겨난 관심분야를 직접 현장에서 체험하는 과정입니다. 아이들이 관심 있다는 의견을 내면 길잡이들이 각 단체와 섭외하고 조율하는 과정을 거쳐 상상만 했던 세상 속의 모습을 직접 보고 듣고 경험하게 됩니다. 사회와 기업을 이해하고 더 큰 세상에 나와 그것을 연결할 수 있는 활동을 통해 아이들은 좀 더 구체적으로 자기 진로에 대한 고민을 키워 나갑니다. 또한 앞으로 살아가면서 당면할 삶의 문제, 일, 돈, 직업, 자립에 대해 성찰할 수 있는 기회가 됩니다.

한 아이의 예를 들어보겠습니다.

그 아이는 앞으로 뭘 해야 될지 몰랐습니다. 여러 수업 과정에서 또 선생님들과의 면담에서 아이는 자신의 진로에 대한 확신을 갖지 못했으나 교육자인 제가 여러 가지를 조합해 보았을 때 심리상담사가 적성에 잘 맞을 것 같다는 판단이 들었습니다. 그래서 심리상담기관에 인턴으로 가 보는 것은 어떻겠느냐고 하면서 추천을 해 주었습니다. 아이는 연계된 사설 심리상담기관의 박사님 밑에서 보조 일을 일주일 동안 하게 되었습니다. 그랬더니 이 아이가 그 일을 하면서 호기심을 가지게 되었고, 그 호기심 때문에 자신의 적성을 찾게 되었습니다. 그래서 상담심리를 전공하려면 어떻게 해야 하는지 박사님께 자연스럽게 묻게 되었습니다. 박사님은 아이에게 우리나라 상담 시스템은 아직은 상담사 위주이고, 선진국 상담 시스템은 내담자 위주라고 알려 주었습니다. 아이는 그 말을 듣고 우리나라 대학 진학 후에 대학원은 독일로 심리학을 공부하러 가겠다는 구체적인 진로 플랜을 스스로 만들었습니다. 그전까지는 공부의 의미를 못 찾다가 지금은 원적교로 복교해서 꿈을 이루기 위해 공부에 매진하고 있습니다.

앞으로 4차 산업혁명 시대에 공부가 필요 없다는 것이 아닙니다. 인간의 고유영역 중에는 여전히 이러한 공부가 필요한 분야가 있습니다. 이 아이는 인턴십을 통해 공부가 필요한 분야의 전공을 선택했기에 스스로 하는 공부를 누가 말릴 수 있겠습니까? 그래서 그 아이의 부모님이 참 뿌듯해 하던 기억이 있습니다.

또 다른 아이들은 이러한 과정을 통해서 공부의 비중이 적은 적성과 전공을 찾기도 했습니다. 그런데 부모들은 동의해주지 않았습니다. 부모의 동의를 얻어내지 못하는 아이를 보면서 안타까움을 금할 수 없었습니다.

그러나 오디세이학교의 인턴십 과정을 통하여 다양한 진로를 설계하고 직업을 체험해 본 아이들은 계속해서 자기를 탐색하면서 진로에 대한 시각을 넓혀 나갈 것입니다.

62

아이들은 1년간
무엇을 배웠는가?

1년간 아이들이 활동한 교육적 효과성은 오디세이학교의 참여관찰 연구팀에서 아이들과 직접 인터뷰한 내용에 잘 드러나 있습니다. 다음에 소개하는 아이들의 이름은 가명으로 합니다.

〈준희〉

"원적교가 입시 경쟁이 과도하여 복교를 하면서 ○○고등학교로 전학했어요. 복교 후 오디세이에서의 경험이 학교생활에 많은 도움이 되었어요. 특히 수업 시간에 질문을 하거나 토론 수업, 발표 수업, 보고서 과제 같은 데서 그랬어요. 선생님에게 칭찬을 많이 들었어요. 성적이 생각보다 잘 안 나와서 약간 힘들기도 했는데, 그래도 다른 아이들처럼 막연하게 힘들어한 것은 아니었어요. 오디세이에서 아트디렉터가 되겠다는 꿈을 더욱 확실하게 굳혔기 때문에 지금은 최대한 내신 성적을 높이고 있고 생활기록부에 필요한 활동을 하면서 미대 가운데 실기 없는 대학과 과를 탐색하고 있어요."

〈성재〉

"복교에 대한 고민이 많았는데, 원적교가 아닌 ○○혁신고등학교로 전학하게 되어서 다행이었어요. 혁신학교의 분위기가 아이들을 존중하고 수업도 재미있어서 편안하게 학교생활을 하고 있어요. 지난해 말에 대학 진학 대신 경찰공무원 시험을 준비하는 것으로 진로를 정했어요. 그래서 경찰공무원 시험에 필요한 교과목에 보다 집중해서 수업을 듣고 있고 가산점에 필요한 준비도 함께하고 있어요."

〈혁재〉

"현재로서는 국내 대학에 진학한다면 물리치료과에 진학하려고 해요. 한편으로는 우리 학교가 자매결연을 맺고 있는 일본 대학으로 진학하고 싶은 마음도 있어요. 그래서 일본어 공부도 틈틈이 하고 있고 수학 공부에 주력하고 있어요. 학교 공부를 따라가기가 벅차긴 하지만 오디세이에서 배웠던 것들이 저의 내면을 강하게 하고 생각을 깊게 하는 데 큰 도움이 되었어요. 그것은 주변 친구들을 보면 확실히 느낄 수 있어요. 친구들은 막연하게 대학 진학만 생각하지만 저는 힘든 가운데서도 스스로를 돌아보고 삶의 우선순위를 생각하며 지내기 때문이에요. 글쓰기나 발표 능력도 많이 향상이 되어서 얼마 전에 교내 소논문대회에서 2학년 중에 1등을 했어요."

이처럼 다양한 동기로 오디세이학교에 왔던 아이들은 1년간 즐겁게 공부하고 다양한 경험을 하면서 자기가 계획하는 삶의 의미를 체화한 뒤 여러 학교로 복교했습니다. 이후 안정적이고 주도적으로 자기 길을 찾아가고 있습니다.

이 아이들은 대학 진학도 인생에서 하나의 길일 뿐이라고 생각하기에 막연하게 힘들어하지 않고 결과에 연연해하지도 않습니다. 성적 향상도 중요하지만 자존감을 향상시키고 내면을 강하게 하고 생각이 깊어지고 밝은 표정으로 자신만의 길을 가는 것이 더 중요하다고 여깁니다. 그러니 당연하게도 학교생활이 편안하고 즐겁다고 말합니다.

4차 산업혁명 시대에는 아이들에게 무슨 교육을 어떻게 해야 할까요? 아이들은 학교에서 무엇을 배우고 일상에서 무엇을 깨달아야 할까요?

삶을 살아가는 자세를 배우고 인간 중심의 교육을 해야 할 때입니다. 그것이 교육의 본질에 충실한 것입니다. 아이들이 오디세이 교육과정에서 그것을 경험하고 행복해하는 모습을 보면서 아이들이 미래에도 인간의 존엄성을 가지고 가장 자기다운 모습으로 당당하게 살아간다면 그것이 인간 중심의 교육을 하는 충분한 가치가 아니었나 하는 생각이 듭니다.

아이와 함께 삶의 목적에 대한 대화 나누기

하버드 경영대학원 클레이튼 크리스텐슨Clayton Christensen 석좌교수는 하버드 졸업생들을 보면서 느낀 점을 털어놓았습니다.

하버드 대학원을 졸업하고 5년 후에 동문회에 나가 보니 많은 친구들이 거액의 연봉을 받고 멋진 배우자를 만나 화려한 삶을 살고 있었다고 합니다. 그런데 10년이 지나면서 상황이 조금씩 달라졌다고 합니다. 골드만삭스와 맥킨지 같은 회사를 다니며 탄탄대로를 달리던 친구들이 점점 보이지 않기 시작했는데 그 이유가 성공의 이면에 가족 간의 불화와 직장에 대한 환멸 등이 있었던 것입니다. 그리고 30년이 지나 다시 친구들을 만났을 때 그는 충격을 받았다고 합니다. 승승장구하며 최연소로 승진을 거듭하던 한 동기는 분식회계를 통해 구속되어 있었고, 학생 때는 너무나 모범적이었던 친구가 성범죄를 저질러 감옥에 가 있었던 것입니다.

클레이튼 교수는 동기들의 불행한 소식을 들으며 '무엇이 동기들을 이러한 불행 속으로 빠뜨리게 하는가?'라는 의문을 갖기 시작했고, 모범적으로 잘 살아가고 있는 동기들과의 차이를 비교하기 시작했습니다. 그리고 클래이튼 교수는 놀라운 사실을 발견했습니다.

두 그룹을 나누는 결정적인 차이점은 인생의 목표였습니다. 인생의 목적이 장기적이고 뚜렷하게 있었던 동기들은 뜻하지 않은 사건과 사고가 일어나도 유연하게 대처하며 앞으로 나아갔고, 지속적으로 삶의 균형을 잘 맞춰 살았습니다. 그러나 자기 인생의 목표가 명확하지 않았던 동기들은 남들이 좋다는 것과 사회에서 인정해 주는 것을 좋아갔고 주변 사람들에게 인정받는 것이 중점이 되다 보니 빠르게 인정받을 수 있는 단기적인 성과에만 집중을 해서 불법적인 방법도 아무런 거리낌 없이 해 내었고, 그 결말은 불행이 된 것입니다.

이런 경향은 어렸을 때부터 우수하다고 인정받은 사람에게 더 잘 나타난다고 합니다. 클레이튼 교수는 이를 벗어나는 최고의 방법이자 진정한 우등생이 되는 것은 자기 삶의 목적을 가지는 것이라고 말했습니다. 자신이 좋아하는 것, 자신의 삶에 의미가 있는 것, 보람을 느낄 수 있는 것을 찾다 보면 자연스럽게 삶의 목적을 가지게 될 것입니다.

63

경영대학원에서 본 오디세이학교

-이노베이션, 오픈 비즈니스 모델

　어찌 보면 교육자가 경영을 공부하는 것이 이상할 수도 있겠지만, 저는 경영에 대한 호기심이 발동하여 저녁시간에 진행되는 MBA 석사 과정에 지원해서 2년 동안 공부를 했습니다. 교육대학원에서 배우는 직접적인 교육 지식은 얻을 수 없었지만, 다양한 직업군에서 10년 이상의 경력을 가진 사회 각계각층의 사람들이 모인 MBA에서의 공부는 세상을 이해하고 교육을 더 넓은 시야로 볼 수 있는 계기가 되었습니다.

　어느 날 저는 수업 시간에 'Open Innovation & Open Business Model'에 관한 사례 발표를 맡게 되었습니다. 기왕이면 제가 몸담고 있는 교육 분야에 대해서 발표하는 것이 낫겠다 싶어 오디세이학교 사례를 소개했습니다. 약간의 제 자랑을 하자면 교수님께 과분한 칭찬을 들었습니다. MBA 과정에서는 교육 분야에서 적절한 사례를 찾는 것이 쉽지 않은데, 그것을 주제에 맞게 잘 발표했다는 말을 들었습니다.

Open Innovation은 Open Business Model 즉 개방형 협력으로 가능하다는 개념입니다. 버클리대 헨리 체스브로 교수가 그 개념을 처음으로 세상에 내 놓았습니다. 기업 입장에서 좀 더 자세히 살펴보면 기업이 필요로 하는 기술과 아이디어를 외부에서 조달하는 한편 내부 자원을 외부와 공유하면서 새로운 제품이나 서비스를 만들어내는 것입니다. 결국 기술이나 아이디어가 기업 내외의 경계를 넘나들며 기업의 혁신으로 이어지도록 하는 것입니다. 이것은 예전에 기업 내부의 R&D 활동을 중시하는 폐쇄형 혁신과는 상반되는 개념입니다.

당시에 저는 오디세이학교가 공교육과 대안교육의 협업 프로젝트라는 점, 공교육의 틀 안에서 창의적인 대안교육의 내용을 채운 새로운 교육과정이라는 점, 학교 밖 대안교육의 활동을 공교육으로 확대하기 위한 새로운 교육 모델이란 점을 중점적으로 발표했습니다. 즉 오디세이학교는 우리나라 최초의 개방형 협력을 통한 교육 오픈 이노베이션입니다.

경영대학원에서는 오디세이학교를 개방형 구조를 가지면서 오디세이 센터를 중심으로 다양한 대안교육기관들이 유연하게 협력할 수 있는 플랫폼 구조로 공교육과 대안교육을 협업할 수 있게 만들어 주었고, 선순환의 구조로서 궁극적으로 대한민국 교육 전반을 계속적으로 발전시킬 수 있는 Open Business Model로 보고 있습니다.

저는 대한민국의 모든 학교가 미래 핵심 역량을 교육하기 위해서 첫 번째 단계로 민관협력형 자유학년제 학교가 전국으로 확산이 되어야 한다고 생각합니다. 자유학년제 학교가 전국으로 확산되어 모든 교사와 학생들이 미래 핵심 역량 교육을 경험하게 되면 큰 부작용 없이 점진적으로 미래 핵심 역량 교육을 모든 학교로 확대하고 발전해 나갈 수 있습니다.

64

주입식 교육, 경쟁, 획일화된
교육 패턴을 바꾸다

2015년에 저는 중학교에서 대안교실을 운영하고 있었습니다. 그러던 중에 대안교실 서울시협의체의 교사들과 오디세이학교를 방문하게 되었습니다. 학교 공간이 주는 창의성과 미학에 매료된 저는 이 학교에 근무하고 싶다는 생각이 들었습니다. 그 이후에 계속 관심을 가졌고 오디세이학교 교사 연수에도 일주일간 참여했습니다. 연수를 받으면서 평소에 제가 지향하던 교육철학, 방법과 일치하는 부분이 많다는 것을 알게 되었습니다. 특히 수업 참관을 할 때 아이들이 밝은 표정으로 자기 생각을 자신감 있게 말하고 다른 학생이 의견을 내면 경청하면서 적절한 피드백을 하는 모습이 인상적이었습니다. 얼마 후에 기회가 주어져서 교사 선발에 응했고, 실제로 협력기관에서 1년 동안 다시 연수를 하고 오디세이 교사가 되었습니다.

오디세이 교사로 발령을 받고 아이들과 처음 함께한 활동은 2주간의 제주도 여행이었습니다. 저는 '무엇 때문에 아이들과 2주씩이나 여행을 갈까?'이런 의구심을 가지고 여행을 시작했습니다. 제주도에 간 지 얼마 안 되어 이 여행의 의미를 알게 되었습니다. 이 여행은 아이들의 패턴을 바꾸는 것이었습니다. 1년간의 과정을 미리 경험시켜서 함께 공부할 아이들과 친분도 쌓고 한 해 동안 수확할 몸과 마음을 만드는 씨앗을 심는 여행이었습니다. 2주가 길게 느껴지지 않았습니다. 그리고 아이들이 실제로 변화하는 모습을 눈으로 확인할 수 있었습니다.

처음 오디세이학교에 입학한 아이들은 지금까지 거의 10년 동안 주입식 교육을 받았고, 경쟁, 획일화된 교육환경에 익숙합니다. 그래서 '시작을 위한 전환 여행'을 떠나는 것입니다. 낯선 공간에서 2주간 생활하면서 아이들은 프로젝트를 기획하고 토론하고 협력하며 스스로 다양한 것을 배웁니다. 그러면서 새로운 수업 방식에 가장 적합한 상태가 되도록 몸과 사고를 전환하는 준비과정을 거칩니다.

아이들과 전환 여행을 다녀와서 그해 말에 참여관찰팀과 함께하는 자리가 있었습니다. 전환 여행을 다녀와서 제가 느낀 것들을 그대로 전달하는 것이 의미가 있을 것 같아서 그 당시 인터뷰 내용을 소개하고자 합니다.

"2주가 조금 길게 느껴지지는 않으셨나요?"
"여행을 가기 전에는 길다고 생각했습니다. 그런데 막상 가보니 그렇지 않았습니다. 왜 2주씩이나 여행을 가는지 알겠더라고요. 직접 가서 보니 꼭 필요한 과정이어서 직접 설문지를 만들어 아이들과 학부모들에게 조사를 해봤습니다. 만족도가 정말 높았습니다. 이 여행에서 아이들은 능동적인 배움의 자세로 몸과 마음을 만들었고 소극적인 아이가 점점 적극적인 아이로 변하는 것을 보았습니다."

"어떤 활동을 하셨기에 그런 결과가 나왔나요?"

"아이들과 일상생활을 함께했습니다. 아침에 일어나서 산에 오르고 내려와서는 아침을 같이 먹었어요. 아침, 점심, 저녁 식사를 아이들이 스스로 준비하고 만들고 같이 설거지하면서 자연스럽게 공동체성이 길러지더군요. 말로 교육하는 것이 아니라 몸으로 직접 체득시키는 교육이었습니다. 일상의 노동을 배우고 규칙적인 일상을 같이 살아내는 것, 그 과정에서 협력하는 몸과 마음이 만들어졌습니다. 중간 중간 아이들이 기획하는 수업이 있고, 그룹미팅도 하고, 프로젝트도 맛보고, 공동체가 동그랗게 둘러앉아 토론을 했습니다. 이 과정은 오디세이에서 1년을 본격적으로 시작하기 전에 2주 동안 집약해서 1년의 경험을 미리 해보는 것이었습니다. 그러면서 아이들은 1년 동안 자신의 계획을 미리 생각하고 학습계획서를 작성했습니다."

전에 근무하던 학교에서는 교사와 아이들이 아침 조례시간 10분, 오후 종례시간 10분 정도 만났습니다. 짧은 시간이다 보니 보통 담임교사는 아이들의 출결석, 컨디션을 확인하고, 공지사항을 전달하고 끝낼 수밖에 없었습니다. 또 교사는 담임 역할만 하는 것이 아니라 교과

수업에도 들어가야 하니까 길게 시간을 할애하는 것이 서로 부담스러웠습니다.

그런데 오디세이에서는 월요일 4시간, 금요일 2시간으로 짜여 있는 시간표 내 그룹미팅에서 담임 길잡이와 그룹 아이 10명이 주기적으로 만납니다. 저는 처음에 동그랗게 10명씩 앉아서 나누는 대화가 지루할 것이라고 생각했습니다. 월요일에는 '일주일을 어떻게 살겠다'라는 얘기를 나누고, 금요일에는 '일주일을 어떻게 살았고 무엇을 배웠다'라는 주제로 이야기를 나눕니다. 처음에는 지루할까 봐 걱정을 많이 했는데 갈수록 오히려 시간이 모자랐습니다. 이 시간에는 교육과정을 포함한 모든 일상을 공유하며, 전체 구성원들이 주고받는 피드백을 통해 개인과 공동체의 학습 활동과 경험을 서로 점검합니다. 다른 활동에서는 말하기 힘들었던 관계의 불편함과 속상함, 프로젝트 과정 중의 갈등, 부모님과의 소통의 어려움 등 힘든 이야기들을 나누기도 합니다. 이로써 서로 힘들 때 의지가 되는 것이지요. 그 과정에서 연말에는 1년 동안 자기 길 찾기를 기록으로 남겨 1년의 여정이 한 권의 책으로 나옵니다.

우리나라의 모든 학교도 오디세이처럼 교사와 아이들이 일상을 함께 이야기하고, 일주일 동안 학습한 내용을 서로 주고받고 다시 일주일을 계획하는 시간을 가진다면 교사와 아이들 간의 관계 및 소통, 아이들의 성장과 발전에 많은 도움이 되리라 생각합니다. 힘들 때 상담전문교사를 찾아가서 이야기를 나누는 것도 좋지만, 학교에서는 그래도 담임교사가 아이를 잘 이해하고 소통할 수 있습니다. 그리고 아이들도 담임교사에게 속마음을 얘기하는 것을 가장 편안하게 느끼기 때문입니다.

65

혁신파크
오디세이학교의 한해살이

오디세이학교는 서울시 교육청에서 주관하는 고교자유학년제 교육과정입니다. 고등학교 1학년 학생들이 학교 밖에서 1년 동안 자율적이고 창의적인 중점과정을 선택하여 깊이 배우며, 자기 자신과 세상을 알아가는 기회를 갖게 합니다.

오디세이는 2015년에 처음 시범적으로 운영되었고 정식 운영된 것은 2016년부터입니다. 자공고를 포함한 일반고에 학적이 있어야 오디세이학교에서 1년간 위탁교육을 받은 후 다시 원적교^{원래 학교}로 복교할 수 있습니다. 지원을 할 때 프로젝트, 인턴십, 문화예술, 공방작업, 시민참여, 인문학의 5개 교육과정 중 하나를 선택해야 합니다. 위탁교육 기간 동안 학생부에는 보통교과는 일반고와 마찬가지로 학업성적 관리시행지침에 따라 산출·기록되지만, 대안교과목 등의 평가는 이수

여부만 기록됩니다.

일각에서는 오디세이학교에 대한 우려의 목소리가 나오기도 합니다. 원적교로 복귀할 때 적응을 잘 할지에 대한 우려가 그것입니다. 중학교와 달리 대학 입시를 목표로 두고 있는 고등학교 1학년 학생들이 1년 동안 전혀 다른 학습형태의 생활을 한다는 것은 실질적으로 입시를 포기하는 것과 같다는 의견도 있습니다. 그러나 아이의 특성을 잘 고려하고 아이의 의견이 분명하다면, 그리고 아이가 1년 뒤 학교에 적응을 잘 할 수 있다는 의지가 확고하다면 크게 문제될 것은 없습니다.

교육은 어려운 것입니다. 여러 가지 요인이 복합적으로 작용하면서 하나의 인격이 완성되어 가는 과정을 담당하고 있기 때문입니다. 이때 어떤 요인이 가장 중요할까요? 주체는 학생입니다. 주체자로서의 의견과 자율성이 가장 중요합니다. 자신이 어떤 것에 관심을 두고 어떤 활동을 해왔는지를 만들어 가는 과정에서 자신만의 꿈과 진로 그리고 공부가 역동적으로 연결될 수 있습니다.

식물이 봄에 싹이 터서 그해 가을에 열매를 맺고 겨울에는 다시 소생하는 봄을 기다리는 것처럼, 오디세이학교도 입학식에서부터 12월 말에 1년의 마무리 발표회까지 한 해 동안 다양한 활동들이 있습니다. 그것을 간단하게 소개해 드립니다.

일주일간의 오리엔테이션

제가 오디세이학교에 와서 첫 해에 경험한 교육과정 중 가장 호응도가 높았던 것은 전환 여행이었습니다. 이 여행에 대해서는 앞에서 소개했습니다. 여행에서 돌아온 후에는 '맞이식'이라는 이벤트를 통해 자기가 쓴 글을 부모님 앞에서 발표합니다.

2017년에는 공교육 교사만으로 이루어진 오디세이 혁신파크에서 수업을 진행하게 되어 아쉽게도 전환 여행을 가지 못했습니다. 대신에 일주일간의 오리엔테이션으로 대체하였습니다.

첫날은 자신의 닉네임과 함께 간단한 자기소개를 하고 모두가 함께 하는 식사의례의 의미에 대해 간단하게 설명한 다음 모험놀이라는 몸 활동을 통해 아이들이 자연스럽게 친해질 수 있도록 하였습니다.

둘째 날은 혁신파크 곳곳을 탐방한 후에 장난감 재생을 하는 사회적 기업에 들렀습니다. 그곳에서 폐장난감의 부속을 이용하여 자신의 수호천사를 만들고 발표하는 시간을 가졌습니다. 이 과정에서 아이들의 성향이나 특징 등이 자연스럽게 표현되었고 길잡이가 아이를 알아가는 데 매우 유용하였습니다.

다음 날은 심리도구 등을 통해서 서로를 알아가는 시간을 가졌고, 오디세이에서의 1년의 다짐이 드러나는 공동체 그림을 그리는 활동을 하였습니다. 혁신파크의 교육과정을 직접 수업하게 될 강사에게 설명을 듣고 각자의 시간표도 만들었습니다. 그것을 바탕으로 태도와 다짐이 담긴 학습계획서를 만들었습니다.

마지막 날에는 지지하는 어른들을 모시고 자신의 다짐 글을 발표하고 주변에 떡을 돌리며 인사하는 작은 시작의례로 오리엔테이션을 마무리하였습니다. 이러한 시간은 짧은 기간에 아이들이 친해지게 했고, 자신의 배움에 대해 진지하고 적극적인 태도를 갖게 했습니다.

스스로 만드는 입학식

오디세이학교에서는 수동적으로 지식 전달 교육을 받지 않고 아이들이 대부분의 활동을 주도적으로 합니다. 이곳에서는 교사를 '길잡이'라고 부릅니다. 명칭에서 느껴지듯 교사는 큰 맥락과 흐름을 잡아주는 역할을 합니다.

오디세이학교에 다니는 아이들은 길잡이와 함께 입학식에 주도적으로 참여합니다. 2~3일 동안 아이들은 모둠 별로 입학식에 대해 의견을 나누고 1년의 다짐 글을 씁니다. 그리고 그것을 지지하고 격려해주는 어른들에게 어떻게 공유할지를 의논하고 입학식 마지막 날에는 많은 사람들 앞에서 다양한 방식으로 발표합니다.

하루의 시작이 다른 오디세이의 일상

오디세이학교에서는 보통 학교와 다르게 하루 일과를 시작합니다.

보통 학교에서는 조회 시간에 교사가 전달사항을 알려주는 것으로 시작하지만, 이곳에서는 아이들이 돌아가면서 15분 동안 공동체와 함께 공유하고 싶은 활동에 대해서 나눕니다. 발표자는 왜 그 활동을 기획했는지 의도를 간단하게 밝힙니다. 의미 있는 영상을 소개하고, 간단한 피구 경기를 제안하고, 이 밖에도 버킷리스트 작성하기, 유언장 작성하기, 마니또 게임 등 아이들은 개성만큼이나 다양한 활동을 합니다. 온전히 아이들 스스로 기획하고 실행하는 것이기에 아이들은 자연스럽게 기획력과 자기주도성이 하루가 다르게 나아집니다.

일주일간의 학습을 간단히 소개하겠습니다.

월요일은 주로 혁신파크 내에 입주한 목공, 대안에너지 같은 사회적 기업과 협력하여 학습을 합니다. 화요일은 프로젝트, 문학·철학 같은 선택 학습을 길잡이와 합니다. 수요일에는 음악이나 미술, 입체 표현 수업을 통해 나를 알고 표현해보는 활동에 집중합니다. 목요일에는 자치활동을 주로 하는데 자신의 의견을 표현하고 다른 의견을 가진 친구의 말을 경청하고 존중하며 조율해가는 태도를 발전시킵니다. 금요일에는 교과목을 공부합니다. 오디세이는 공교육 시스템에 존재하는 교육기관이기 때문에 학력을 인정받을 수 있는 최소한의 과목을 공부합니다. 그래서 아이들이 스트레스 받지 않고 편안하게 배울 수 있도록 금요일에 교과 교육을 하고 있습니다.

5월에 떠나는 지리산 종주 여행

오디세이학교에서는 5월에 지리산 종주 등반을 합니다. 먼저 북한산, 북악산 등의 근교 산에서 예비 등반을 한 후 정신 무장을 단단히 시켜서 지리산 종주에 나섭니다. 지리산을 종주해본 사람들은 잘 알겠지만 무척 힘들기에 고생한 기억들이 추억으로 남는 여행입니다. 지리산을 종주한 아이들은 공동체의 의미를 알게 되고 자신감도 갖게 됩니다.

6, 7월 기말고사와 강화도 인생학교와의 교류 여행

평가는 누구에게나 스트레스입니다. 오디세이학교 아이들도 예외는 아닙니다. 특히 아이들은 영어, 수학, 한국사 과목에 진저리를 칩니다. 그래도 '평가는 피할 수 없으니 즐겨라' 하면서 끝나지 않을 것 같은 시험을 끝냅니다.

아이들은 시험이 끝나면 강화도에 있는 1년제 기숙형 전환학년제 모델인 강화도 꿈틀리 인생학교에 방문합니다. 그곳 인생학교 친구들과 교류하며 함께 게임도 하고 토의활동도 합니다. 그러면서 서로 자극을 받고 동기부여를 하게 됩니다.

8월의 짧은 방학과 2학기 시작 여행

8월에는 짧은 방학을 합니다. 그리고 방학이 끝나면 2학기가 시작됩니다. 그 시작을 여행으로 하자는 취지로 아이들이 스스로 기획한 여행을 합니다. 아이들이 이천에 살고 있는 호두네로 3박 4일의 여행을 가자고 해서 여행을 다녀왔습니다. 방학 동안 있었던 이야기를 나누고, 친구 집의 부족한 일손을 돕고, 저녁에는 마을 산책을 했습니다. 아이들은 여행을 하면서 방학 동안 나태해진 몸과 마음을 다시 재정비하면서 여유롭게 2학기를 시작합니다.

열매가 맺히는 2학기

오디세이 아이들은 1학기 동안 다양한 활동을 합니다. 그래서인지 2학기에는 아이들이 전보다 주도적으로 기획하는 활동들이 많아집니다. 예를 들면 아이들 각자가 2시간의 수업을 주도하는 기획수업이 있고, 팀원들이 함께 중요하다고 생각하는 가치를 정하고 그 의미를 찾기에 적당한 곳과 활동을 기획해서 기획여행을 떠나기도 합니다. 이런 활동을 통해서 아이들은 주도적으로 일을 할 수 있는 역량을 키워나갑니다. 물론 이것도 하나의 수업이기 때문에 스트레스가 존재하지만 아이들이 능동적으로 할 수 있도록 유도하기 때문에 주도적으로 과제를 수행합니다. 누구에게나 주도성은 중요한 에너지원임에 틀림없습니다.

1년을 정리하는 수료 프로젝트

아이들은 12월이 다가오면 오디세이에서 지낸 1년을 정리하는 수
료 프로젝트를 진행합니다. 12월 말에는 1년의 마무리 발표회를 합니
다. 1년 동안 배운 것과 성장에 대한 이야기, 수업의 결과물 등을 공유
합니다. 오디세이 수료 후에는 원적교로 복교를 준비합니다.

교육이 바뀌면
모든 것이 바뀐다

부모 세대들은 1989년에 개봉한 〈행복은 성적순이 아니잖아요〉라는 영화를 기억하고 있을 것입니다. 이 영화는 저를 포함한 부모 세대가 일등부터 꼴찌까지 성적으로 줄을 세우던 시절에 나와서 화제의 영화가 되었습니다.

저 역시 산업화 시대의 지식 습득 교육을 받았습니다. 학교에서는 선생님 지시에 잘 따랐고 공부 잘하는 모범생이었습니다. 부모님도 좋은 대학에 들어가면 장밋빛 미래가 펼쳐질 것처럼 말씀하셨습니다. 저는 한눈팔지 않고 공부를 하면 행복이 보장될 거라고 막연하게 생각했습니다. 오디세이학교에서 하는 여행 활동, 음악이나 미술 같은 예술 활동, 동아리 활동 등은 꿈도 못 꾸었고 친구들과 어울려 노는 시간도 아껴 가면서 공부를 했습니다. 공부 이외의 것을 하고 있으면 남들보다 뒤처지는 것 같아서 불안했습니다. 시험을 본 뒤에 나오는 점수에 따라서 천국과 지옥을 오고 갔습니다. 친구들을 경쟁자로 생각하니 함께 나눌 수 없는 것들도 많았습니다.

저는 특목고를 거쳐 사범대학에 입학했습니다. 그리고 시험 공부에 매진하여 어렵사리 교사가 되었습니다. 20대 중후반까지는 정말 앞만 보고 달려왔던 것 같습니다. 배운 것을 달달 외우는 지식 습득 교육에 잘 적응해서 교사가 되었지만 얻은 것만큼 잃은 것도 많다는 것을 사회인으로 살아가면서 깨달았습니다. 나를 사랑하고 표현하는 법, 인간을 이해하고 관계를 맺는 법, 이타심, 협력 등이 많이 부족했습니다. 이것은 4차 산업혁명 시대에 더 중요해지는 인간의 덕목이기도 합니다.

인간으로서 행복하게 살아가려면 지식보다는 공감 능력이 더 중요합니다. 자기 의사를 표현하거나 여러 사람과 어울리고 협력하면서 살아가려면 지식보다는 공감 능력이 훨씬 많이 필요하기 때문입니다. 지식적인 부분은 자신의 적성과 흥미를 찾아서 잠재력을 깨워주면 쌓을 수 있지만 공감 능력은 교과서에 있는 내용을 암기한다고 해서 생기는 것이 아닙니다. 그래서 공감할 줄 알아야 의사 전달을 제대로 할 수 있습니다. 인간을 존중해야 상대와 좋은 관계를 맺을 수 있습니다. 인간에 대한 예의와 존중은 결국 이타심 등이 전제되어야 합니다.

저는 공동선은 개념이 아니라 행동으로 옮길 때 가능하다는 사실을 안 다음에 그것을 일상에서 실천하기까지 너무나 많은 시간과 노력을 들여야 했습니다. 이러한 정서교육은 어린 시절부터 배우고 몸으로 익혀야 하는 것인데 뒤늦게 나이 들어서 하려고 하니 정말 힘들었습니다. 자신을 편안하게 표현하고 다른 사람들과 좋은 감정이든 슬픈 감정이든 공감하는 능력은 어렸을 때부터 가정과 학교에서 자연스럽게 체득되어야 합니다. 미래의 주역인 아이들은 저의 전철을 밟지 않았으면 하는 바람으로 이 글을 쓰고 있습니다. 공부와 경쟁에만 매달려서 정서가 불안한 인간이 아니라 건전하고 풍부한 정서를 가진 아이들이 되었으면 합니다.

다행히 요즘 교육계는 입시와 경쟁, 출세를 위한 개인주의적 지식 습득 교육체제에서 벗어나 아이들이 살아가게 될 인생 경로에 초점을 맞춘 교육으로 전환하려고 애를 쓰고 있습니다. 이러한 움직임은 4차 산업혁명이라는 거대한 흐름에서 필연적일 수밖에 없습니다. 지금까지 꿈쩍도 하지 않고 바뀌지 않았던 입시 교육 전반이 머지않아 분명히 바뀌게 될 것입니다.

우리나라 부모들의 학력 수준은 매우 높습니다. 교육에 대한 열정도 뜨겁습니다. 지금까지의 사회제도와 교육 시스템에 문제의식을 느끼고 어쩔 수 없이 자녀를 학원에 보내는 선택을 해 왔다고 생각합니다. 그것은 아이들의 미래를 준비하고 장래가 밝기를 간절히 바라는 마음에서 비롯된 것입니다. 저 역시 교육적 이상이나 본질과는 거리가 먼 사회 현실과 현재의 교육 시스템에 문제의식을 가지고 있습니다. 하지만 아이들이 남들보다 뒤처져는 안 된다는 불안심리 때문에 자녀들을 학원에 보내는 것은 재고할 필요가 있습니다. 부모들의 이런 심리를 자극하여 학원에서 공부하면 아이가 좋은 대학에 들어가고 안정적인 직장에서 편안하고 행복하게 살 것처럼 홍보하는 사람들에게 자녀를 맡겨서는 안 됩니다. '남들이 그렇게 하니까 나도 어쩔 수 없이 따라 할 수밖에 없다'는 생각이 아이들을 경쟁하게 만들고 낮은 자존감으로 살게 합니다. 사교육은 아이의 미래를 보장해주지 않습니다. 주변에 사교육을 잘 받아서 정말 즐겁고 행복한 삶을 살고 있는 사람들이 있는지 살펴보기 바랍니다. 제가 공교육 교사라서 드리는 말씀이 아닙니다.

교육계에도 변화의 바람이 불기 시작했습니다. 아이들이 행복하게 배울 수 있는 환경을 만들고 4차 산업혁명 시대를 대비해서 미래에 잘 적응할 수 있는 교육을 하고 있습니다. 이전까지는 교육정책과 제도, 사회 시스템은 그대로 유지한 상태에서 아이들 평가 방식만 바꾸려고 했기 때문에 갈등이 있고 부작용이 있었습니다. 하지만 이제는 단계적으로 교육제도 전반을 개혁하려는 것이기 때문에 분명하게 만족할 만한 교육개혁이 실현될 것입니다. 제도권 교육이 보장하는 틀 안에서 아이들이 배우고, 친구들과 잘 어울리면서 놀고, 서로 돕고 배려하고 협력하면서 한국인 고유의 정서를 품게 될 날이 멀지 않았습니다.

교육은 모든 것을 바꿀 수 있습니다. 교육이 바뀌면 국가가 바뀝니다. 정치·경제가 바뀝니다. 사회가 바뀝니다. 리더가 바뀝니다. 가정이 바뀝니다. 부모가 바뀝니다. 아이가 바뀝니다. 내가 바뀝니다.